D1687973

CHRISTIAN LAGGER · CLEMENS SEDMAK
LEADERSHIP OHNE BLABLA

CHRISTIAN LAGGER
CLEMENS SEDMAK

LEADERSHIP OHNE BLABLA

WAHRNEHMEN

ZUHÖREN

ENTSCHEIDEN

MOLDEN

Vorwort

I. FÜHRUNG

1. Selbstführung
2. Begleiten
3. Ans Ziel führen

II. ORGANISATION

1. Die anständige Organisation
2. Die verborgene Dimension
3. Transformation

III. GESPRÄCH

1. Zuhören
2. Von der Kunst des Gesprächs
3. Streitkultur und Konflikttransformation

Ausgewählte Literatur

VORWORT

In einer der ersten Szenen des legendären Films *The Bridges of Madison County* finden Michael und Carolyn, als sie nach dem Tod ihrer Mutter Francesca das Haus räumen, einige Briefe, die den beiden klar machen, dass ihre Mutter eine vor ihnen geheim gehaltene Liebe hatte. Um diese Briefe kreist der ganze Film.

So dramatisch wird es in diesem Buch nicht werden; wir haben keine Geheimnisse verraten und keine Geheimrezepte verpackt. Das ist sozusagen auch Teil der Botschaft dieses Buches, nämlich dass Führungsarbeit keine esoterische Kunst ist, die nur wenigen Auserwählten zugänglich wäre. Führungsarbeit hat zwar auch mit Kompetenz zu tun, steht und fällt aber vor allem mit Integrität. Wir behaupten nun nicht, dass wir beide ein Vorbild an Integrität sind, aber wir geben gerne unsere Erfahrungen und unser Bemühen weiter.

Briefe sind eine Form des Dialogs, durch die man sein Gegenüber besser kennenlernen kann. Wenn man die Briefe darüber hinaus zu einer bestimmten Thematik verfasst, können Briefe auch dazu dienen, mehr über eine Sache zu erfahren. Wir haben uns vor zwei Jahren entschieden, einander Briefe zu schreiben, in denen wir Themen wie Führung, Organisation und Kommunikation umkreisen. Dabei fließen unsere beruflichen Erfahrungen ein. Das Persönliche und das Sachliche greifen ineinander. Es war spannend, mehr voneinander und mehr über das Thema Führungsarbeit, das uns beide beruflich beschäftigt, zu erfahren. Es ging uns um eine Reflexion des gelebten Lebens in Führungsverantwortung und in Organisationen. Insofern spiegeln die Briefe unsere Herkunft und unseren Lebensweg wider.

Wir sind beide in unterschiedlichen Berufsfeldern mit Führungsverantwortung betraut. Was uns verbindet, ist die gemeinsame Arbeit im Internationalen Forschungszentrum für soziale und ethische Fragen (ifz) in Salzburg. Das ifz bemüht sich um „Wissenschaft für Menschen"; es geht darum, benutzer/innenfreundliches Wissen zu bearbeiten. Das haben wir auch in diesen Briefen unternommen. Diese Briefe geben wir nun weiter.

Es geht uns um die Kraft der Persönlichkeit und nicht um die Darlegung von Methoden und etablierten Werkzeugen des Führens und Organisierens. Leadership ohne Blabla bezieht das Menschsein und unsere Erfahrungen mit ein.

Wir hoffen, dass die Briefe anregend sind und Anstoß geben können, über die eigenen Erfahrungen nachzudenken und auch einmal etwas Neues zu versuchen. Da man beim Briefeschreiben die ganze Hand braucht, sind sie ohne erhobenen Zeigefinger entstanden ...

Wir danken dem Molden Verlag für die gute Zusammenarbeit und den Mitarbeiterinnen und Mitarbeitern des ifz für ihre Kollegialität. Wir wollen dieses Buch mit Hochachtung und in freundschaftlicher Verbundenheit dem Erzbischof von Salzburg, Dr. Franz Lackner OFM, und dem emeritierten Bischof von Graz-Seckau, Dr. Egon Kapellari, widmen – mit ehrlichem Dank für ihr „Führen durch Klugheit und Aufrichtigkeit".

Christian Lagger und Clemens Sedmak
Graz, Salzburg, South Bend im Februar 2023

ID: 1
I.
FÜHRUNG

1. SELBSTFÜHRUNG

LIEBER CLEMENS!

Wir hatten vereinbart das erste Kapitel zum Thema Führung mit einem Dialog über Selbstführung zu beginnen. Denn ohne Selbstführung kann eine Führungspersönlichkeit auf Dauer nicht erfolgreich sein. Die Wirtschaftspsychologen Charles C. Manz und Henry P. Sims haben seit den späten 1980er Jahren das Konzept der Selbstführung – niedergeschrieben in dem Buch *SuperLeadership: Leading Others to lead Themselves* – erarbeitet und stetig weiterentwickelt. Charles C. Manz hat es auf treffende Weise so formuliert: „Leadership is not an outward process; we can and do lead ourselves." Mitarbeitende sollen so geführt werden, dass sie befähigt werden, sich selbst zu führen. Manz und Sims haben mit ihren Überlegungen ein fundamentales Bedürfnis von Firmen und Unternehmen beantwortet, die sich im Sog wachsender Digitalisierung und Globalisierung befunden haben. Unter diesen Rahmenbedingungen funktionieren die klassischen hierarchischen Modelle von Führung nicht mehr, oder nur mehr bedingt. In einer sich rasch verändernden Welt braucht es ergänzend neue Formen von Führung. Heute wird diesbezüglich von einer sogenannten VUCA-Welt gesprochen. Volatilität (volatility), Unbeständigkeit (uncertainty), Komplexität (complexity) und Mehrdeutigkeit (ambiguity) sind gegenwärtig die atmosphärischen Bedingungen, besonders auch von Unternehmen und Organisationen. In Produktion und Vertrieb, in Projekt- und Entwicklungsarbeit werden die Mitarbeitenden zunehmend mehr gefordert, selbstständig Entscheidungen zu treffen, Handlungen zu setzen und nicht auf Weisungen von der Spitze der Hierarchie zu warten. Aber gerade Selbstständigkeit erfordert auch die Fähigkeit zur Selbstführung. Führungskräfte, die ihre Mitarbeitenden zur Selbstführung anleiten, sollten selbst viel Erfahrung und Übung in Selbstführung haben.

Selbstführung setzt eine gute Kenntnis der eigenen Persönlichkeit, eigener Stärken und Schwächen sowie Prinzipien und Haltungen voraus. So gesehen sind Selbstwahrnehmung und Selbsterkenntnis Grundvoraussetzung von Selbstführung. Neben kognitiver und fachlicher Intelligenz wird von Führungskräften ein hohes Maß an emotionaler Intelligenz erwartet. Daniel Goleman, Professor für Psychologie in Harvard, hat in seinem Buch *Emotionale Intelligenz* besonders die Fähigkeit zur Selbstwahrnehmung hervorgehoben. Sich selbst wahrzunehmen und über sich nachzudenken ist meiner Erfahrung nach am besten in Zeiten der Zurückgezogenheit und des Alleinseins mit sich selbst möglich.

Als eine hilfreiche Methode der Selbstwahrnehmung und Selbstreflexion habe ich für mich die sogenannten Ignatianischen Exerzitien entdeckt. Chris Lowney, ein ehemaliger Jesuit und jahrelang erfolgreicher Manager bei J. P. Morgan, hat in seinem Buch *Heroic Leadership* darauf hingewiesen, dass die Exerzitien eigentlich Ausbildungstool für jesuitisches Leadership und für Selbstführung waren – damit also jeder Jesuit quasi eine Führungskraft für sich sein kann. Was sind Ignatianische Exerzitien? Also: Man zieht sich mit professioneller Begleitung in die Stille zurück – das Format gibt es einwöchig bis vierwöchig – und lernt sich, seine Stärken und Schwächen und seine Berufung (sein Why?, bedeutet, warum man auf der Welt ist) in der nachdenklichen Auseinandersetzung mit Bibeltexten kennen. Dieser Erkenntnisprozess hat sein spirituelles Fundament in der Botschaft, dass Gott allen Menschen – also jedem von uns – durch Jesus gesagt hat, dass wir seine geliebten Geschöpfe sind und bleiben. Auch wenn wir uns vielleicht nicht mögen oder lieben können, Gott liebt uns. So lässt sich das Alleinsein vermutlich leichter aushalten.

Jede Führungskraft sollte für sich eine Form des Rückzugs und des mit sich Alleinseins – in einem Kloster oder an sonst einem schönen, stillen Ort – finden, die ein Nachdenken über sich selbst und über eigene Stärken und Schwächen, Prinzipien und Haltungen fördert und damit die Kompetenz der Selbstführung stärkt und vertieft.

Wer Führungsverantwortung trägt, wird manchmal auch Entscheidungen treffen müssen, die nicht allen gefallen. Es sind Entscheidungen, die jemand gemäß eigener Einsichten, Prinzipien und Haltungen treffen muss. Dabei geht es oft um strategische Fragen der Ausrichtung der Organisation und um Personalfragen bei der Trennung von Mitarbeitenden. Hier ist die Fähigkeit zu Selbstführung und die Fähigkeit, Dinge allein durchtragen zu können, besonders gefordert.

Meine Eltern haben mir erzählt, wie sie gebannt vor dem Fernseher gesessen sind, als in den Oktobertagen 1962 in der sogenannten Kubakrise die Gefahr eines Atomkrieges drohte. Die damalige Sowjetunion hatte auf Kuba Atomraketen positioniert. Die Verantwortlichen des US-Militärs haben den Präsidenten zu einem Angriff geraten. Er hat sich nicht unter Druck setzen lassen, sich zurückgezogen, nachgedacht und die Entscheidung für eine Seeblockade getroffen. John F. Kennedy verkündete in einer Fernsehansprache die „Quarantäne" (= Seeblockade) Kubas. Die Folge war, dass die sowjetischen Raketen – auf Weisung von Nikita Chruschtschow – abgezogen wurden und ab 1963 ein Verhandlungsprozess zur atomaren Abrüstung eingeleitet wurde. Der Präsident äußerte sich über die ihn zu einem Angriff drängenden Militärs: „Wenn wir auf das hören, was sie von uns wollen, wird keiner von uns noch am Leben sein, um ihnen zu sagen, daß sie sich geirrt haben." (Robert Dallek, *John F. Kennedy – Ein unvollendetes Leben*) Nach seiner Entscheidung zur Seeblockade sagte John F. Kennedy zu General M. Taylor: „Ich weiß, Sie und Ihre Kollegen sind unglücklich über diese Entscheidung, aber ich verlasse mich darauf, daß Sie mich darin unterstützen." (Ebd.) Präsident John F. Kennedy hat bezogen auf die Frage: „Was ist der bessere Weg, einen Atomkrieg zu verhindern?", seinen Prinzipien gemäß entschieden. Für mich ist dies ein herausragendes Beispiel für Leadership auf Basis von Selbstführung. Seine Fähigkeit, mit sich allein sein zu können und seine nachdenkende Selbstwahrnehmung waren Bedingungen dafür, seine Entscheidung als Präsident der Vereinigten Staaten durchzutragen.

Lieber Clemens, wenn für die Selbstführung die Kenntnis der eigenen Person wichtig ist, scheint mir neben der Selbstwahrnehmung auch die Fremdwahrnehmung bedeutsam zu sein. Fremdwahrnehmung hat in einer Führungsaufgabe zwei Dimensionen: Wie nehme ich andere Menschen wahr und wie nehmen diese Menschen mich wahr.

Eine Führungsperson hat per definitionem andere Menschen zu führen, um mit ihnen gemeinsam die Ziele der Organisation zu erreichen. Deshalb ist es wichtig, die eigenen Mitarbeiterinnen und Mitarbeiter zu kennen und zu wissen, was ihre Stärken und Schwächen sind und was sie motiviert. Empathie ist für gelingendes Führen eine entscheidende Fähigkeit. Wer es nicht aushält, mit anderen Menschen zu sein und keinen positiven und offen wahrnehmenden Zugang zu anderen Menschen findet, ist für eine Führungsverantwortung nicht geeignet. Genauso aussichtlos ist es, Mitarbeitende wirksam zu führen, wenn kein Gespür vorhanden ist, wie diese mich als Führungskraft wahrnehmen. Bereitschaft für Feedback und konstruktive Kritik der Mitarbeitenden zeichnet gute Führungskräfte aus.

Sir Alex Ferguson, der berühmte Trainer von Manchester United, hat eine Kantine bauen lassen, in der alle gemeinsam essen: Leute vom Reinigungsdienst und des Kartenverkaufs, genauso wie Trainer und Teammanager und berühmte Spieler wie Christiano Ronaldo und David Beckham. Auch Alex Ferguson speiste in dieser Kantine. Wie in seinem Buch *Leading* nachzulesen ist, wollte er wissen, was bei Manchester United los ist, was die Mitarbeitenden verschiedener Bereiche über Spieler und Trainer und auch ihn selbst dachten. Die Wahrnehmung der anderen Mitarbeitenden half ihm, einen guten Job als Trainer zu machen und die Mannschaft noch besser zu führen.

Lieber Clemens, Selbstführung ist Bedingung guter Führungsarbeit. Das geht ohne ehrliche Selbstwahrnehmung und empathische Fremdwahrnehmung nicht. Aber das ist längst nicht alles, was zum Thema Selbstführung zu sagen wäre. Ich freue mich schon auf Deinen Brief!

Herzliche Grüße
Christian

LIEBER CHRISTIAN,

danke für Deine Überlegungen zur Selbstführung. Diese „selbstführende Ermächtigung zur Selbstführung anderer" scheint mir entscheidend, die Ermächtigung der Kolleginnen und Kollegen, gut mit sich selbst umgehen zu können. Das ist auch eine Frage von Selbsterkenntnis.

Ich halte es ja für eine gute Übung, an einer Gebrauchsanweisung für sich selbst zu arbeiten. Rein im Gedankenexperiment gesprochen: Angenommen, Du kommst in einen neuen Betrieb oder eine neue Organisationseinheit und man drückt Dir eine *Gebrauchsanweisung für den Umgang mit der Chefin* in die Hand. Da erfährst Du dann, wie sie angesprochen werden möchte, wann ihre bevorzugten Arbeitsstunden sind, wie ihr Kommunikationsstil ist und welche Herzensthemen und Prioritäten sie hat. So eine Gebrauchsanweisung kann ja auf zweifache Weise hilfreich sein: Zum einen hilft sie den anderen. Manche Menschen wollen, dass man langsam mit ihnen spricht, andere bevorzugen das schnelle Wort. Manche lieben Details, andere brauchen das Bild des großen Ganzen. Es gibt Morgenmenschen und Nachteulen, es gibt Menschen, die Berufliches und Privates strikt trennen, andere, die das nicht wollen oder können. Die einen brauchen Ruhe im Büro, die anderen haben gerne eine Geräuschkulisse und Kontakte. Der erste Nutzen einer solchen Gebrauchsanweisung ist also die Orientierung für das Umfeld. Wer sich auf ein Treffen mit potenziellen Schwiegereltern vorbereitet, wäre für eine solche

Gebrauchsanweisung dankbar. Welche Reizthemen sollen vermieden werden, welche Fragen sind delikat, welche Begriffe sind tabu?

Zum anderen kann eine solche Gebrauchsanweisung für den Leser selbst nützlich sein. Es ist doch eine anregende Reflexionsfrage: Wenn Du anderen erklären müsstest, was Du brauchst, um gut arbeiten zu können, was würdest Du sagen?

Als ich die Leitung eines Instituts hier an der Universität übernommen habe, hat mich ein Mitarbeiter zumindest indirekt nach einer solchen Gebrauchsanweisung gefragt: Kann man Dich im Büro stören, wenn die Türe geschlossen ist? Willst Du im Detail über Projekte Bescheid wissen oder reicht Dir der Blick auf das Resultat? Bevorzugst Du Email oder Telefon für den Kontakt außerhalb des Büros? Das sind auf der einen Seite Kleinigkeiten, auf der anderen Seite sagen sie aber viel über einen Menschen aus. Die bekannte Unterscheidung zwischen verschiedenen Arbeitsstilen (dominant, beeinflussend, gewissenhaft, stetig) zeigt ja auch mögliche Konfliktfelder auf. Menschen mit dominantem Arbeitsstil lieben den direkten Umgang und scheuen vor Entscheidungen nicht zurück. Menschen mit gewissenhaftem Arbeitsstil sind viel zurückhaltender.

Dieses Nachdenken über das, was Du zu einem guten Arbeiten und Leben brauchst, verlangt Formen der Selbstreflexion und der Selbsterkenntnis, die für unser Thema „Selbstführung" wohl entscheidend sind.

Du hast in Deinem Brief auch auf den Zusammenhang von „Selbstführung" und „Selbst(er)kenntnis" aufmerksam gemacht. Sich selbst zu kennen ist eine wichtige Voraussetzung für den führenden Umgang mit anderen. Wie will jemand, der nicht gut mit sich selbst umgehen kann, andere führen?

Da kann man so viel von Ignatius von Loyola lernen. Nicht nur die Exerzitien, sondern auch die ignatianische Gewissenserforschung (das „Examen") kann hier dienlich sein; zweimal am Tag, einmal um die Mittagszeit, einmal am Ende des Tages, je eine Viertelstunde innehalten und auf den Tag und das eigene Tun zu blicken, in Dankbarkeit und Demut.

Ignatius von Loyola ist aus Sicht der Führungsethik auch deswegen so bedeutsam, weil er im 16. Jahrhundert eine weltumspannende Gemeinschaft geschaffen hat (zum Zeitpunkt seines Todes im Jahr 1556 gab es schon mehr als tausend Jesuiten in 17 Ländern), die nach wie vor besteht, ohne dass sich die ursprünglichen Strukturen wesentlich geändert hätten. Da hat sich also viel bewährt. Ignatius hat großen Wert auf den rechten Umgang mit sich selbst gelegt. In einem viel zitierten Brief an die junge Jesuitengemeinschaft in Coimbra (Portugal), dem *Brief über die Vollkommenheit* vom 7. Mai 1547, ermahnt Ignatius die zu extremer Lebensweise neigenden Mitbrüder: Eifer müsse vernünftig und maßvoll sein (B 145). Denn ähnlich wie ein Pferd nicht mehr als eine Tagesreise am Tag zurücklegen kann, kann man Gott nicht auf Dauer dienen, wenn man ständig den Bogen überspannt; weiters: „Was man mit zu großer Eile gewinnt, pflegt nicht erhalten zu werden." (B 145); drittens: Ein Schiff, das zu voll beladen ist, kann sich nicht mehr fortbewegen. So weist Ignatius auf den maßvollen, guten Umgang mit sich selbst hin. Zwei Jahre vor seinem Tod hatte Ignatius ähnliche Sorgen in Bezug auf den holländischen Jesuiten Caspar Berse; dieser war in Indien als Vizeprovinzial tätig und arbeitete ohne Rücksicht auf seine Gesundheit. Der Sekretär von Ignatius, Juan de Polanco, teilt ihm im Auftrag von Ignatius in einem Brief vom 24. Februar 1554 (B 551ff) mit, dass ein gesundheitsschädigender Lebensstil keine Dauer ermögliche. Es fehle die entsprechende Vernünftigkeit. Es gebe zwei Nachteile, wenn jemand zu hart zu sich selbst sei: Erstens wird der Dienst nicht auf Dauer verrichtet werden können; zweitens: „Wenn Sie so hart gegen sich selbst sind, könnten Sie leicht dazu kommen, es zu sehr gegenüber denen zu sein, für die Sie Verantwortung haben." (B 552f) Wiederum empfiehlt Ignatius Maßhalten und Mäßigung.

Ein guter Umgang mit sich selbst ermöglicht eine Ausrichtung „auf Dauer". Das ist eine Frage der guten Gewohnheiten und damit auch eine Frage der guten Selbstführung, des guten Umgangs mit sich selbst.

Zwei Stichworte will ich hier noch nennen: Selbstführung hängt mit recht verstandener Autonomie zusammen. Der Begriff der „Autonomie" meint, wie Du natürlich weißt, die Fähigkeit zur Selbstgesetzgebung; also die Fähigkeit, sich ein Gesetz zu geben, an das man sich auch unter widrigen Umständen hält. Autonomie ist gerade nicht „Willkür" oder ein Leben nach „Lust und Laune"; ich entscheide mich für Bindungen und trage diese durch, so wie Du es von John F. Kennedy geschildert hast. Das ist auch das, was die oberste Stufe der Moralentwicklung nach Lawrence Kohlberg ausmacht: die Fähigkeit, Prinzipien zu formulieren, sich für diese zu entscheiden und diese dann auch unter Widerständen durchzutragen – was freilich nicht in Starrsinn, Dickköpfigkeit und Mangel an Flexibilität münden möge. Die Fähigkeit, sich selbst ein auf Dauer angelegtes Gesetz zu geben, verlangt wiederum Selbsterkenntnis und Selbstwahrnehmung.

Damit bin ich bei einem zweiten Stichwort, das ich, angeregt durch Deinen Brief, im Zusammenhang mit „Selbstführung" nennen möchte: den Begriff der „Innerlichkeit". Menschen, die gut mit sich allein sein können, schöpfen aus einem reichen und tiefen Inneren. Du hast mir einmal geschrieben: „Die Fähigkeit, mit sich allein zu sein, ist etwas Schönes. Menschen, die diese Fähigkeit besitzen, strahlen Ruhe und Zufriedenheit aus. Mit solchen Menschen ist man gerne zusammen. Denn niemand wird es lange mit sich aushalten, wenn er sich grundsätzliche nicht mag, also kein positives und liebevolles Selbstverhältnis hat. Sich mögen ist wichtig, denn nur so können auch die Tiefen des eigenen Inneren angeschaut und ausgehalten werden. Es ist ja nicht immer alles angenehm, was sich da so im eigenen Inneren abspielt. Aber gerade sich selbst aushalten zu können, mit allen Spannungen des eigenen Inneren, ist wertvoll, um auch in einer Führungsrolle Spannungen aushalten zu können. Und derer gibt es viele. Für den Umgang mit Spannungen im Führungsalltag ist es bedeutsam, unterscheiden zu können, was mein Anteil ist und was von außen kommt. Dazu hilft das Wissen um sich selbst und sein Inneres."

In diesen Zeilen zeigt sich die Bedeutsamkeit eines geordneten Inneren. Augustinus hat in seinen *Bekenntnissen* einmal „Denken" als die Fähigkeit charakterisiert, Zerstreutes zusammenzutragen. Damit ich das auch gut tun kann, darf es nicht zu weit verstreut sein; da hilft ein wohlgeordnetes Inneres. Der regelmäßige, achtsame Blick nach innen ist hier gefragt. Auch hier kann Ignatius von Loyola Wesentliches mitteilen. In den Satzungen legt Ignatius im neunten Hauptteil fest, dass der Generalobere der Jesuiten ein Mann des Gebets sein solle (723); wichtiger als Gelehrtheit freilich seien Klugheit und Erfahrung in den inneren Dingen, um die verschiedenen Geister unterscheiden zu können (730).

Dieser sorgsame Blick nach innen will kultiviert sein. Man kann wohl nicht verlangen, dass alle Menschen mit Führungsverantwortung Frauen und Männer des Gebets seien; aber man wird den Wunsch formulieren dürfen, dass sie gut mit sich allein sein können und ihr Inneres pflegen. Die frühchristliche Literatur hat immer wieder darauf aufmerksam gemacht, dass die Seele von bestimmten Quellen genährt wird, vor allem von Ruhe, Schönheit und Freundschaft. So wird das Innere gepflegt – durch Ruhe, Schönheit und Freundschaft.

Eine besondere Herausforderung viel beschäftigter Menschen ist das Zerrissensein in den vielen Dingen des Alltags; das Wort „verzetteln" sagt im Bild, dass wir uns auf viele kleine einzelne Zettel stürzen, ohne das große Buch zu sehen.

Ruhe, Schönheit, Freundschaft: Einer der schönsten Tagungsorte, an denen ich jemals war, ist die Villa La Collina am Comosee, die ehemalige Sommerresidenz Konrad Adenauers, in die er sich wochenlang zurückgezogen hat. Du ziehst Dich jeden Sommer auf eine Alm im Osttiroler Deferregental zurück. Ruhe und Schönheit. Und Freundschaft mit Dir selbst.

Alle guten Wünsche
Clemens

LIEBER CHRISTIAN,

nun ist es mein Part, Dir in Sachen „Selbstführung" ein paar Gedanken zu schicken und Fragen zu stellen. Ich will dazu einen Schritt zurücktreten und allgemein fragen, wie wir es mit dem Begriff „Führungspersönlichkeit" halten wollen. Ich bin mir nicht sicher, ob es hilfreich ist, die Menschheit in zwei Kategorien einzuteilen, in solche, die Führungspersönlichkeiten sind und in solche, die dafür nicht in Frage kommen. Ich sage nicht, dass es falsch ist, ich bin mir nur nicht sicher, weil dadurch auch ein gewisser Kult befördert wird, der durch die Management(beratungs)szene noch befeuert wird. Ich erinnere mich an eine Podiumsdiskussion mit einem durchaus sympathischen CEO eines großen Unternehmens, der volksnah gesagt hat: „Ich bin ein ganz normaler Mensch", worauf mir die Entgegnung entschlüpfte: „Das wissen wir. Aber deswegen fragen wir uns auch, warum Sie so viel Geld verdienen."

Ich persönlich spreche lieber von „Menschen mit Führungsverantwortung" als von „Führungspersönlichkeiten". Natürlich gibt es Menschen, die in Führungspositionen gehievt werden, für die sie nicht geeignet sind. Der Begriff der Überforderung fällt mir hier ein. Immer wieder nützlich scheint mir eine klassische Unterscheidung des polnischen Philosophen (auch Dominikanerpriesters, Sportwagenfahrers und Piloten) Joseph Maria Bochenski. Bochenski hat in einem schmalen Buch mit dem Titel *Was ist Autorität?* zwischen zwei Formen von Autorität unterschieden: Epistemische Autorität ist Autorität aufgrund von Kenntnis, Fähigkeit, Wissen; deontische Autorität ist Autorität aufgrund von Status in der Hierarchie. Im Idealfall haben wir hier ein Gleichgewicht. Freilich gibt es das Phänomen, dass Menschen viel wissen und können (also reiche epistemische Autorität haben), aber in der Hierarchie weit unten stehen; etwa der Fall der jungen begabten Assistentin, die unter einem überforderten Vorgesetzten arbeiten muss. Ein Überhang von epistemischer Autorität ist frustrierend für die betreffende Person. Ein Überhang an deontischer Autorität ist belastend für das ganze Umfeld. Ein trotteliger Chef, um es einmal so auszudrücken, der aber fest im Sattel der Institution sitzt, schadet dem ganzen Umfeld. Der „Happiness at Work"-Index der Beratungsfirma Chiumento hat in einer Umfrage unter Mitarbeiterinnen und Mitarbeitern die wichtigsten Faktoren für Zufriedenheit am Arbeitsplatz eruiert; als die drei wichtigsten Hindernisse auf dem Weg zur Arbeitsplatzzufriedenheit („happiness at work") haben sich herauskristallisiert: mangelnde Anerkennung, schlechte Vorgesetzte, schlechte Kommunikation. Schlechte Vorgesetzte machen unglücklich.

Es scheint dann, um auf die vorigen Briefe zurückzukommen, wieder eine Sache der rechten Selbstkenntnis zu sein, einschätzen zu können, wann und wie es zu einem Gleichgewicht von epistemischer und deontischer Autorität kommen kann und kommt.

Bochenski hat allerdings wohl noch eine dritte wichtige Form von Autorität außer Acht gelassen: moralische Autorität. Sie hängt mit Redlichkeit (Integrität) zusammen, die wiederum Vertrauen weckt. Vertrauenswürdigkeit ist zweifelsohne ein entscheidender Punkt guten Führens. Darauf werden wir im Laufe unseres Briefwechsels noch zurückkommen.

Unser Thema ist aber die „Selbstführung": Hier möchte ich auf einen Zusammenhang aufmerksam machen, der für Ignatius von Loyola (ich verspreche, dass ich ihn nicht in jedem Brief erwähnen werde!) eine wichtige Rolle gespielt hat – der Zusammenhang zwischen Führungsfähigkeit und „Geführtwerdenfähigkeit". Letzteres gibt es nicht als Wort, altmodisch ausgedrückt wäre es der Begriff der „Gehorsamsfähigkeit".

Eine Person, die für Führungsaufgaben in Frage kommt, wird nach Ignatius auch die Eigenschaft haben müssen, zu dienen, zu folgen, sich führen zu lassen. Über das Hören (das dem Wort „Gehorsam" zugrunde liegt) werden wir noch ins Gespräch kommen. Jedenfalls ist der Zusammenhang zwischen „Führen" und „Dienen" interessant, gerade auch unter dem seit den 1970er Jahren so bedeutenden Stichwort „Servant Leadership".

Du selbst warst jahrelang Sekretär des Diözesanbischofs und als solcher (neben aller Macht, die ein Sekretär natürlich hat!) vor allem auch ein Hörender, Folgender, Dienender, Gehorchender. Ich verwende bewusst diese etwas anachronistisch wirkenden Begriffe, um anzudeuten, dass Führen und Folgen sehr viel näher zusammengehören, als es oftmals dargestellt wird.

Die Autorität Jesu, die von den Zeitgenossen als bemerkenswert erfahren wurde, fußte wesentlich darauf, dass es Jesus darum ging, „den Willen dessen zu tun, der mich gesandt hat". (Johannes 4,34) Hier tut sich eine interessante Spannung auf, zu der mich Deine Meinung interessieren würde: Nicht das Eigene suchen und doch das Eigene tun.

Lass mich erläutern: Die Kultur des „Servant Leadership" besteht darin, dass die Person mit Führungsverantwortung nicht das Eigene sucht, nicht den eigenen Vorteil maximieren will. „Korruption" ist ein Begriff, der andeutet, dass eine Person das Eigene sucht und die eigene Position dafür missbraucht. Gleichzeitig ist glaubwürdiges Führen das rechte „Bewohnen" einer Rolle. Eine „unbewohnte Rolle" ist wie das Tragen einer Rüstung, die zu groß ist. Das wird einmal im Alten Testament geschildert: Als der kleine David sich anschickt, gegen den großen Goliat zu kämpfen, überlässt ihm König Saul die königliche Rüstung, die allerdings viel zu schwer ist. Das Resultat: David kann nicht gehen. So beschreibt es die Bibel (1 Samuel 17, 39). Wenn wir sagen, „Diese Schuhe sind zu groß", deuten wir an, dass ein Mensch einer Rolle nicht gewachsen ist, diese nicht „bewohnen" kann. Es geht also auch darum, das Eigene zu tun und aus dem Eigenen zu schöpfen. Eine Rolle will „zu eigen gemacht" werden; da hat jeder Mensch seinen eigenen Führungsstil.

Wie denkst Du über diese Spannung und wie gehst Du damit um: Nicht das Eigene suchen und doch das Eigene tun?

Meines Erachtens und meiner Erfahrung zufolge braucht gute Führungsarbeit gute Selbstführung und diese wiederum braucht eine gewisse Selbstvergessenheit. Die Fähigkeit zur Selbstvergessenheit scheint mir ein unterschätztes Gut in der Führungsethik zu sein. Dazu zwei Gedanken: Der langjährige Generalsekretär der Vereinten Nationen, Dag Hammarskjöld, hat in seinem privaten Notizbuch, das posthum unter dem Titel *Wegmarken* veröffentlicht wurde, viel über Führungsethik nachgedacht, und dabei ein schwedisches Märchen erwähnt; es erzählt von einem König, der eine Krone hatte, die so schwer war, dass er sie nur tragen konnte, wenn er vergaß, dass er sie trug. Das ist ein schönes Bild für die „natürliche Selbstverständlichkeit", mit der eine Führungsrolle bewohnt und zu eigen gemacht wird. Der zweite Gedanke stammt von

Iris Murdoch. Die englische Philosophin hat einmal das Lieben eines Menschen mit dem Erlernen einer Fremdsprache verglichen. Einen Menschen zu lieben, ist wie das Erlernen einer Fremdsprache; es bedürfe der Geduld, des Gehorsams (man muss sich den Regeln der Sprache beugen) und der Selbstvergessenheit. Selbstvergessenheit: Man erlernt keine Fremdsprache, wenn man sich bei jedem Vokabel zitternd fragt, was dieses Vokabel nun mit einem selbst macht.

Die Fähigkeit zur Selbstvergessenheit ist auch verbunden mit der Fähigkeit, in einer Situation präsent zu sein. Es ist eine besondere Gabe, dem Menschen, der gerade bei Dir ist, das Gefühl zu geben, jetzt der wichtigste Mensch für Dich zu sein. Auch das verlangt nach Selbstvergessenheit.

Die Fähigkeit zur Selbstvergessenheit scheint mir auch deswegen so wichtig zu sein, weil in der Führungsethikliteratur gerne der „great men"-Zugang gewählt wird, die Idee, dass Führungsarbeit die Arbeit von „Helden" sei. Ich will nicht bestreiten, dass es Menschen mit außerordentlichen Fähigkeiten gibt, die auch in der Führungsarbeit wichtig sind. Aber wie immer gilt: Nur Gott sieht in das Herz.

Chris Argrys hat in einem klassischen Beitrag für die *Harvard Business Review* von erfolgreichen Frauen und Männern erzählt, die einen prestigereichen MBA-Titel tragen (so wie Du, lieber Christian); diese sind aber so erfolgsverwöhnt, dass sie nie gelernt haben, zu scheitern und sich im Falle ihres Scheiterns oder ihres Fehlers als „brittle personalities" erweisen, als brüchige, zerbrechliche Persönlichkeiten (nicht so wie Du, lieber Christian!). Sie haben also ihre Rolle nur dann spielen können, wenn das Umfeld entsprechend funktionierte. Zäh sind ja nicht immer die Muskelprotze, die auf ein Fitness-Studio angewiesen sind, das die entsprechende Ausrüstung hat. Zäh kann die Hausmeisterin sein, die zum Teil enorme Führungsqualitäten haben muss, die Kindergartenpädagogin, die unter schwierigen Bedingungen Führungsarbeit leistet, die Eltern, die sich führend um ihre Kinder bemühen. Damit will ich auch den Blick auf diejenigen richten, die in der Führungsethikliteratur nicht oft vorkommen.

Zurück zum Scheitern. Die Fähigkeit zu scheitern ist die Fähigkeit, demütig, also realistisch und ohne Verleugnung, mit Versagen und Verfehlen, mit Fehlern und Mängeln umzugehen. Wir beide haben diese Erfahrung gemacht. Ich bin in meiner ersten Professur in Salzburg gescheitert, bin dann nach einer Fehlentscheidung nach London geflüchtet, wo ich nie heimisch wurde. Da war viel Lehrgeld zu zahlen und ich will nicht behaupten, dass ich die Fähigkeit zu scheitern habe. Aber ich habe zweifellos durch das Scheitern gelernt. Wer auf die Nase gefallen ist, kann sie nicht mehr so hoch tragen. Auch Du kennst das Scheitern und damit die bittere Schule des Lebens, die das Lehrbuch und der Hörsaal nicht leisten können.

Nicht das Eigene suchen, aber das Eigene tun; Selbstvergessenheit und die Fähigkeit, scheitern zu können.

Wie denkst Du darüber, lieber Christian?

Herzliche Grüße

Clemens

LIEBER CLEMENS!

Danke für Deinen Brief, den ich mit Freude gelesen habe. Und auf die Freude kommt es an, bei allem, was wir tun. Du hast es „happiness at work" genannt. Die Bedeutung und die Wirkungen von Freude wurden vielfach erforscht. Glückhormone wie Dopamin, Serotonin und Oxytocin haben wunderbare Wirkungen auf den Menschen, etwa die Steigerung unserer Vertrauens- und Sozialfähigkeit, der Motivation und der Leistungs- und Gestaltungsbereitschaft. „Juvat vivere! Es ist eine Freude zu leben!", hat einst der Humanist und Dichter Ulrich von Hutten mitten in der Epoche der Renaissance ausgerufen. Was war das doch für eine schöpferische Phase der europäischen Geschichte. Denken wir an die Aufbrüche und Entwicklungen in Wissenschaft und Kunst, denken wir an Raffael, Michelangelo oder Leonardo da Vinci. Wenn wir mit Menschen zusammenarbeiten, die Freude an ihrer Arbeit haben, ist das nicht nur angenehm – denn frohe und deshalb zufriedene Mitmenschen sind angenehm –, sondern es ist auch ungemein inspirierend und motivierend. Da geht viel weiter. Da wird entwickelt und umgesetzt. Stell Dir eine Zusammenarbeit mit frustrierten und freudlosen Menschen vor. Was soll dabei herauskommen? Bei Mitarbeiterorientierungsgesprächen frage ich deshalb immer, ob die Mitarbeiterin oder der Mitarbeiter grundsätzlich Freude an dem empfindet, was sie oder er tut. Dabei geht es nicht um Tralala und Spaß, sondern um eine innere Zufriedenheit mit dem Arbeitsplatz und das Gefühl, etwas Sinnvolles zu tun. Ich halte das Gerede von Work-Life-Balance zumindest für fragwürdig und erläuterungsbedürftig. Es geht doch immer um das Leben, um mein Leben und um die Erfahrung eigener Lebendigkeit bei allem, was wir tun – egal ob in der Freizeit oder in der Arbeit. Freilich bleibt Arbeit Arbeit, womit Mühe und Druck, erwartete Leistungen zu erbringen, einhergehen. Aber ohne diese grundsätzliche Freude am Tun wird dies nichts. Bei solchen Gesprächen frage ich immer nach, welche Gründe es für Unzufriedenheit und Unbehagen in Bezug auf den Arbeitsplatz gibt. Ist es die Umgebung, sind es die Abläufe, die Strukturen, die Kolleginnen und Kollegen oder gar die unmittelbare Führungsperson? Diese Ursachen müssen aufmerksam wahrgenommen, erwogen und bearbeitet werden. Nicht selten muss sich auch die Person selbst fragen, was sie beitragen kann, um die Situation zu verändern oder manchmal auch, ob der Job, wie er ist, noch passt und der richtige ist. Love it, change it or leave it. Ohne Selbstwahrnehmung und Selbstverantwortung geht es nicht.

Lieber Clemens, Du hast erläutert, dass Du den Begriff der Führungspersönlichkeit für problematisch hältst und lieber von Menschen mit Führungsverantwortung sprichst. In diesem Sinn ist jeder Mensch irgendwie eine Führungsperson, verantwortlich für sich selbst, sein Tun, die übernommenen Aufgaben etc. Das stimmt ohne Zweifel so. Aber erlaube mir, den Blick auf jene zu richten, die in Unternehmen und Organisationen Letztverantwortung für Personal-, Strategie- und Budgetfragen übernehmen. Die Rechtskonstrukte von Unternehmen (Gesellschaften m.b.H., Aktiengesellschaften etc.) sehen in der Führungsebene solche Letztverantwortlichen vor. Es gibt heute viele neue Führungsformen und -strukturen (Führen als Team, geteiltes Führen etc.), aber am Ende des

Tages werden bestimmte Menschen die Letztverantwortung tragen müssen, und diese können auch vor dem Gesetz für allfällige negative Konsequenzen ihrer Entscheidung zur Rechenschaft gezogen werden. Das ist ein nicht geringer Teil der Realität von Führungsverantwortung. Dafür braucht es einfach Menschen mit dem Potenzial und dem Willen zu führen. Es ist nicht wichtig, ob man diese Menschen „Führungspersönlichkeiten" nennt oder auch nicht (heute gibt es dafür auch viele für eine Erstklärung geeignete psychologische Auswahltests). Im Rahmen meines Unterrichtes an einer Fachhochschule und einer Universität frage ich die Studierenden, was das Ziel ihres Masterstudiums ist. Nicht wenige antworten rasch, sie wollen eine Führungsaufgabe übernehmen. Wenn ich nachfrage, kommen neben dem Willen zum Gestalten auch Antworten wie: mehr Gehalt, Ansehen, über andere bestimmen können. Manchmal verbindet sich damit auch die Vorstellung, dass eine Führungsperson weniger arbeiten muss, als die Mitarbeitenden. Ich weise dann darauf hin, dass es neben den Führungs-orientierten Jobs auch Fach-orientierte Jobs gibt. Beide können erfüllend und gut bezahlt sein. Möge sich jeder und jede ernsthaft prüfen, wofür er oder sie geeignet ist und sich nicht von Sekundärem (Ansehen, Gehalt etc.) blenden lassen. Meistens ist es ja so, dass Sekundäres nicht trägt, wenn die Herausforderungen im Alltag größer werden. Mein Sohn hat mich einmal gefragt, was ich denn als Geschäftsführer so mache. Ich antwortete provokativ kurz: „Entscheiden!" Er war begeistert von der Vorstellung, dass ein Geschäftsführer vorgibt, wohin die Reise geht und was die Mitarbeitenden tun sollen – was freilich etwas randunscharf ist. Er meinte, er wolle das auch machen. Das Gespräch danach hat dann doch zur Ernüchterung beigetragen: Was alles getan und überlegt sein muss (Fakten- und Datenanalyse als Grundlage einer Entscheidung), inklusive schlafloser Nächte (bei größeren Entscheidungen), bevor entschieden werden kann; damit verbunden das sich Kümmern um die erfolgreiche Umsetzung der Entscheidung und die Übernahme der Verantwortung für die Entscheidung mit all ihren Konsequenzen.

Lieber Clemens, Du hast von epistemischer (= fachlicher) und deontischer (= Stellung in der Hierarchie) Autorität von Führungskräften gesprochen. Der Punkt für mich ist der, dass, wenn sich Zuständigkeitskompetenz (Du bist Chef) und Fähigkeitskompetenz (Du hast fachliches und soziales Knowhow) nicht ausreichend decken, es bei besser geeigneten Mitarbeitenden im Unternehmen zu Frustrationen kommen kann. Diese Überlegung ist gut nachvollziehbar. Erlaube mir aber eine kleine Ergänzung: Wenn jemand Letztverantwortung in der Führung übernimmt (also für Personal, Strategie und Finanzen/Budget), dann ist es nicht mehr möglich, in allen Bereiche fachlich vertieft kompetent zu sein. Grundverständnisse müssen vorhanden sein, sonst ist eine notwendige Kenntnis des Unternehmens, das es zu führen gilt, nicht vorhanden. Doch die Diskrepanz, dass der/die, welche/r Gesamtverantwortung innehat, nie ganz und umfassend in die inhaltlichen und fachlichen Tiefen der Bereiche einsteigen kann, ohne das Ganze der Gesamtverantwortung aus den Augen zu verlieren, bleibt bestehen. Es ist fatal, wenn die Chefin oder der Chef, die bessere Controllerin oder der bessere Marketingexperte als die dafür im Unternehmen Zuständigen sein will. Auch das erzeugt viel Frust bei Mitarbeitenden. Die Größe von Führungspersonen besteht darin, sich mit Leuten zu umgeben, die in vielen Bereichen besser qualifiziert sind als sie selbst. Die

Kunst besteht darin, auf die Fachexpertinnen und -experten zu hören, deren Expertise ernst zu nehmen und basierend auf diesem Wissen gemäß den Strategien der Organisation Entscheidungen zu treffen.

Lieber Clemens, da sind wir nun bei Deinen Überlegungen zu: nicht das Eigene zu suchen und Selbstvergessenheit zu leben. Als Führungsperson ist alles das, was dem Unternehmen, der Organisation oder dem Projekt Erfolg bringt, zu tun. Es geht nicht um das Eigene oder die Verwirklichung des Eigenen als Chefin oder Chef, sondern um Erreichung des Zweckes und des Zieles dessen, wofür Du arbeitest. Das Unternehmen bzw. die Organisation soll wachsen und erfolgreich in seinen/ihren Wirkfeldern sein. Deshalb müssen Führungspersonen die Haltung des Dienens einnehmen. Dienen heißt hier auch, für die Mitarbeitenden die bestmöglichen Bedingungen zu schaffen, damit sie ihre Aufgaben gut erfüllen können. Diese Haltung ist meines Erachtens dann lebbar, wenn es gelingt, den Sinn der Sache (des Unternehmens, der Organisation etc.) zu erfassen und zu bejahen. Sonst ist es purer Raubbau und auf Dauer Selbstzerstörung. Wem es gelingt, selbstvergessen in einer Tätigkeit aufzugehen, der wird auch tiefe Freude am Tun geschenkt bekommen. Freude steckt an und kann Mitarbeitende motivieren. Freude ist für mich eine Bedingung wirksamer Führung.

Apropos Scheitern: Deine Überlegung, dass man aus Fehlern und aus Scheitern viel lernen kann, ist auch meine Erfahrung. Heute wird manchmal das Scheitern heroisiert. Dem kann ich nicht folgen. Scheitern ist schmerzlich. Als Führungskraft sollte man auch nie das Scheitern wollen. Entscheidungen werden getroffen und Risiken werden in der Überzeugung eingegangen, dass sie Erfolg bringen und zum

Ziel führen. Das kann in dem einen oder anderen Fall auch scheitern. In diesem Sinne gefällt mir ein Satz von Kurt Tucholsky sehr gut: „Umwege erhöhen die Ortskenntnis." Führungsaufgaben können jedenfalls gute Schulen für Demut und Bescheidenheit sein.

Als Chefin oder Chef sollte man nie ein anderer sein wollen als man selbst ist, aber immer an der Verbesserung des eigenen Tuns arbeiten. Fredmund Malik, der St. Gallener Management-Experte, spricht es in seinem Buch *Wenn Grenzen keine sind* treffend aus: „Tu was Du kannst, mit dem was Du hast, und dort, wo Du bist!" Sir Alex Ferguson wurde in seiner Anfangszeit bei Manchester United von einem älteren Trainerkollegen wie folgt angesprochen: „Alex, ich spüre zu wenig Alex Ferguson im Spiel Deiner Mannschaft!" Es geht nicht um Alex Ferguson, sondern um Siege der Mannschaft, aber Alex Ferguson kann als Trainer nur als Alex Ferguson Wirkung erzielen.

Lieber Clemens, Selbst- und Fremdwahrnehmung, Selbstvergessenheit im Tun des Eigenen, Lernen im Scheitern und dabei Freude zulassen und pflegen, ist ein schöner Ertrag. Über all die anderen Aspekte von Selbstführung wie Disziplin, Fleiß und dem Willen zum Ziel werden wir uns noch unterhalten. Ich freu mich schon darauf.

Herzlich
Christian

2. BEGLEITEN

LIEBER CLEMENS!

Jeder von uns durfte hoffentlich Erfahrungen des Begleitetseins machen. Begleitet zu sein heißt, nicht allein zu sein. Nicht allein zu sein, ist für uns Menschen wichtig – nicht nur in schwierigen Situationen des Lebens. Die alten Griechen bezeichnen den Menschen als ein soziales, auf Gemeinschaft hin ausgerichtetes Lebewesen.

In meinen frühen Lebensjahren bin ich bei meinen Großeltern aufgewachsen. Bei meiner ersten Erfahrung von Begleitetsein, an die ich mich erinnern kann, spielte der kleine Finger meines Großvaters, der mir damals ziemlich groß erschien, eine bedeutende Rolle. An diesem „großen" kleinen Finger habe ich mich hochgezogen, um erste Gehschritte zu machen. Mein Großvater war von kräftiger Statur, ich fühlte mich bei ihm immer sicher, etwa bei Gewittern, oder wenn wir unter Leuten waren, die ich nicht kannte. Zumindest in den ersten Jahren meiner Kindheit war sein kleiner Finger mein Haltegriff. Es war später für mich wichtig, dass ich ihn auf seinem letzten Weg im Krankenhaus „begleiten" konnte und seine Hand halten durfte. So begleiten wir einander durch das Leben – sprichwörtlich von der Wiege bis zur Bahre. Es scheint eine Grundformel des Menschseins zu sein, dass wir immer beides sind: Begleitete und Begleitende. Die Akzente verschieben sich dynamisch von einem zum anderen. Es ist ja so, dass auch in Familien, nicht nur die Eltern ihre Kinder begleiten, sondern auch die kleinen Kinder ihre Eltern durch das Leben begleiten. Durch Kinder an unserer Seite entdecken wir Facetten und Dimensionen unseres Lebens, die uns ohne sie wahrscheinlich verschlossen blieben. Kinder sind in diesem Sinne Begleiter ins Leben – in die Mitte und Fülle des Lebens. „Schau, Papa, ein Schmetterling!" – Danke für die Seh- und Aufmerksamkeitshilfe! Wer sehen will, was und wie der andere sieht, wird Augenhöhe suchen. Begleitung hat mit Augenhöhe zu tun.

Lehrer sind in der Montessori-Pädagogik „Entwicklungsbegleiter" der Kinder, vergleiche etwa Norbert Feldner unter www.feldner.info. Die Entwicklung geht dabei von den Kindern selbst aus. Entwicklungsbegleiter schaffen den Rahmen und die Umgebung, in der Kinder sich entwickeln und lernen können. Kinder wollen Neues lernen und die Welt lernend begreifen. Dabei werden sie begleitet. Ein wesentlicher Aspekt in der Begleitung von lernenden Kindern ist dabei Respekt. Respekt meint die Achtung der echten Bedürfnisse des Kindes, aber es ist keine Einbahnstraße. Es geht um Gegenseitigkeit. Kinder reifen und wachsen auch an den Grenzen, die von ihren Entwicklungsbegleitern gesetzt und ihnen erklärend nahegebracht werden. Begleitung ist also ein Begegnungsgeschehen zweier Menschen in dem, was und wie sie sind. Dabei geht es um Entwicklung und Wachstum eines Menschen unter Wahrung seiner Würde und Individualität. Ein mich besonders beeindruckendes Beispiel von Entwicklungsbegleitung habe ich in einem Buch, in dem das Führungsprofil von Papst Franziskus beschrieben wird, gelesen, nämlich *Franziskus: Führen und Entscheiden* von Chris Lowney. Der Schüler Roberto Poggio besuchte eine Jesuitenschule, in der Pater Jose Mario Bergoglio (= Papst Franziskus) Lehrer war. In einer Turnstunde schlug er einem Mitschüler ins Gesicht. Er wurde daraufhin von Pater Bergoglio aufgefordert, zu einer bestimmten Zeit in einen Klassenraum zu kommen. Dort warteten zehn seiner besten Freunde auf ihn. Roberto setzte sich dazu, Pater Bergoglio war anwesend, aber er beteiligte sich nicht am Gespräch und blieb im Hintergrund. Die Freunde baten Roberto, den Vorgang der Auseinandersetzung in allen Einzelheiten zu schildern. Roberto Poggio sagt über dieses Gespräch: „Sie hatten Verständnis, sie gaben mir Ratschläge und ich fühlte mich, als hätte man mir eine schwere Last abgenommen." (Ebd.) Robertos Freunde entschieden aber auch über eine Sanktion: Er wurde zwei Wochen vom Turnunterricht ausgeschlossen und musste außerhalb des Unterrichts den betroffenen Schulkollegen um Verzeihung bitten. Mit diesem Szenario ermöglichte Pater Bergoglio menschliche Entwicklung – nicht nur die von Roberto Poggio, sondern auch die seiner Freunde. Es ging darum, Verantwortung zu übernehmen und an sich und seiner Persönlichkeit zu arbeiten. Roberto Poggio sagt über seinen damaligen Lehrer: „Er hat unsere Selbstachtung wirklich gefördert." (Ebd.)

Lieber Clemens, ich finde, die Begriffe „Entwicklung" und „Begleitung" passen gut zusammen. Begleitung wird immer dann gebraucht, wenn eine Entwicklung ansteht. Und Entwicklung hat mit Neuem und noch nicht beschrittenen Wegen zu tun. Neues ist immer eine Herausforderung, macht manchmal Sorge und nicht selten Angst. Hier ist es dann gut, einen Menschen an der Seite zu haben, der einen begleitet. Irgendwie ist es doch erstaunlich: Auch wenn wir schon Erfahrung im Begleiten haben und vielleicht auch schon öfters Menschen begleitet haben, können wir uns in existenziellen privaten und beruflichen Umbruchsituationen, die wir so noch nie durchlebt haben, nicht selbst begleiten. Wenn wir durch innere Vorgänge oder äußere Herausforderungen bedingt in einem Entwicklungsprozess stecken, sind wir nicht in der Lage, auf einer Metaebene zu agieren, um uns Überblick und Orientierung zu verschaffen. Da hilft ein Begleiter oder eine Begleiterin, der oder die uns im Gespräch seine/ihre Wahrnehmungen und empathischen Metareflexionen zu unserer Lage zur Verfügung stellt. Das ist hilfreich für nächste Schritte. Begleitende sind Mitgehende auf einem Weg, der erst im Entstehen ist. Sich begleiten zu lassen, setzt Offenheit und Vertrauen voraus und die Bereitschaft, sich auf diese Art der Weggemeinschaft einzulassen. Wenn wir begleiten, heißt dies, diskret und sorgsam mit gegebenem Vertrauen und mutiger Offenheit umzugehen und mit dem Gegenüber aufmerksam und mitfühlend zu sein. Es ist die Haltung einer emphatischen Distanz oder distanten Empathie. Empathisch, weil es nicht um uns geht (= Begleiter). Distant, weil es um den Begleitenden und seine Entwicklung geht.

Im Alltag hören wir von Begleitung oft im Kontext von Musik. Ein Sänger oder eine Sängerin, ein Cello oder eine Geige werden begleitet; nicht selten von einem Klavier – einer Pianistin oder einem Pianisten. Gerald Moore war einer der bedeutendsten Begleiter am Klavier im 20. Jahrhundert. Er hat es im Unterschied zu vielen seiner Berufskolleginnen und -kollegen geschafft, dass sein Name auch auf den Ankündigungsplakaten stand. Moore spielte mit vielen Berühmten der Musikbranche wie dem Cellisten Pablo Casals, dem Geiger Yehudi Menuhin, der Sängerin Elisabeth Schwarzkopf und dem Sänger Dietrich Fischer-Dieskau. Für ihn, den Pianisten, war Begleitung eine „eigene" Kunstfertigkeit und immer auf Augenhöhe mit den zu begleitenden Kunstschaffenden. Über ein Spiel mit Casals – es handelte sich um eine Sonate von

Beethoven – sagte er folgendes: „Die besondere Schwierigkeit dieser Sonate liegt darin, das vollkommene Übereinstimmung zwischen den Spielern, die empfindsam aufeinander eingehen müssen, nötig ist. [...] Wenn einer der beiden mehr steigert oder abfällt als der andere, verliert die Musik ihr Ebenmaß und wird sinnlos. [...] Bei Casals, wie bei allen großen Künstlern, ist die Musik die Hauptsache, sie ist wichtiger als der Ausübende." (Gerald Moore, *Bin ich zu laut? Erinnerungen eines Begleiters*) Der Begleiter muss nach Moore um der Musik willen beispielsweise bei einem Lied ganz auf die Atmung des Sängers eingehen. So wird eine höhere Einheit und Dichte für die Interpretation des Musikstückes erreicht.

Lieber Clemens, auch in der Musik geht es in der Begleitung um ein Hervorbringen und Entwickeln von etwas, das schon da ist und doch so neu erschaffen wird. Begleiten ist dabei an und für sich Kunst. Begleiten als ein Geschehen auf Augenhöhe mit dem Begleiteten, als Begegnung in Offenheit und Vertrauen, und als ein gemeinsames Ausgerichtetsein auf die Möglichkeiten von Leben. Ist das nicht auch für das Tun einer Führungskraft relevant? Sind Führen und Begleiten zwei Seiten einer Medaille? Wie begleitest Du als Professor Deine Studierenden oder Deine Universität? Lässt Du Dich begleiten? Wenn ja, warum? Ich freue mich auf Deinen Brief.

Herzlich
Christian

LIEBER CHRISTIAN,

ein Kollege hat mir neulich geschrieben: „I'm currently asked to ‚supervise', or as I would prefer to say, ‚support/nurture', this unit." Hier wird also ein Unterschied gemacht zwischen Führungsverantwortung im Sinne von „Beaufsichtigen" und Führungsverantwortung im Sinne von „Unterstützen und Nähren". Gerade das Bild von „nurturing" ist vielversprechend – haben die Menschen, die in der Einheit arbeiten, genügend „Nährstoffe", um gedeihen zu können? Ist die Diät abwechslungsreich und vitaminhaltig? Anders gesagt: Haben sie alles, was sie zur Bewältigung ihrer Aufgaben brauchen?

Danke für Deinen Brief über das Begleiten. In der Tat, wir sind immer Begleitende und Begleitete. Und es ist nicht immer klar, wie hier die Rollen verteilt sind. Das hat mit dem Respekt zu tun, den die von Dir angesprochenen „Entwicklungsbegleiter/innen" zeigen mögen. Als meine Tochter Magdalena, unser erstes Kind, geboren wurde, durfte ich sie nach der Geburt halten. Ein heiliger Moment. Das Wunder des Lebens. Und das Versprechen, sie auf ihrem Weg von ihrer Kindheit zur Jugend bis ins Erwachsenenalter hinein zu begleiten. Wenn wir gemeinsam unterwegs waren, war es aber stets auch Magdalena, die mich begleitet hat, die mitgegangen ist, die mich genährt hat mit ihren Reden (sie redet gern!), mit ihren Fragen (sie fragt viel!), ihrem Staunen und ihrer Begeisterungsfähigkeit. Dazu kommt ihr starker Wille – des Öfteren hat die kleine Magdalena meine Hand genommen und mich zu einem spannenden Ort geführt, um mir etwas zu zeigen. Sie hat hier die Führungsarbeit übernommen.

Diesem Gedanken kann man natürlich auch im Bereich der Führungsethik nachgehen – die Kunst des Führens hat wesentlich damit zu tun, sich führen zu lassen. Eine gute Rednerin oder ein guter Pädagoge lässt sich von der Stimmung im Raum führen. Hier ist eine Feinsinnigkeit gefragt, wie sie auch eine musikalische Begleitung ausmacht, wie Du sie angesprochen hast. Eine Lehrerin, die die Schülerinnen und Schüler verliert, wird sie nicht führen können. Sie muss sich auf die jungen Menschen, mit denen sie arbeitet, einstellen. Sie muss sie begleiten, also an der Seite der Kinder gehen. So gesehen ist Begleiten auch eine Form des Sichführenlassens. So wie die gute Anweisung eine Form des guten Zuhörens ist.

Ein bemerkenswertes Projekt zur Unterstützung von Wohnungslosen in Texas („loaves and fishes") arbeitet mit einem Food Truck, bei dem „Kund/inn/en" und diejenigen, die Essen ausgeben, auf derselben Seite stehen, nebeneinander, also nicht durch einen Tresen getrennt. Begleiten hat viel damit zu tun, neben einem Menschen zu stehen. Du hast mich gefragt, wie ich als akademischer Lehrer die Studierenden begleite – oder wie ich mich begleiten lasse. Ich halte viel von der Idee der „co-creatio", der gemeinsamen Schöpfung. Wir erarbeiten gemeinsam die Struktur der Lehrveranstaltung, die Studierenden können zwischen verschiedenen Formen, zur Lehrveranstaltung beizutragen, wählen. Ich sage ihnen auch gerne: Ich bin auf eurer Seite, ich habe kein Interesse daran, dass ihr schlechte Abschlüsse macht, ich bin hier, um euch darin zu unterstützen, Gutes einzubringen und Gutes aus der Veranstaltung herauszuholen. Ich erwarte auch wichtige Impulse von euch.

Begleitung kann man sich so vorstellen, dass ein vertrauenswürdiger, lebenserfahrener Freund Mitverantwortung im Zurücklegen eines Weges übernimmt; Odysseus etwa überlässt Haushalt und Erziehung seines Sohnes Telemachos seinem vertrauten „Mentor"; in der hebräischen Bibel ist es im Buch Tobit der erwachsene Raphael, der den Weg kennt und deswegen die Reisebegleitung des jungen Tobias übernehmen kann. Wenn verlässliche Beziehungen aufgebaut werden, die die Einzigartigkeit der jeweiligen Personen berücksichtigen, stellen sich viele positive Effekte ein. Der Studie *The Mentoring Effect* zufolge setzten sich junge Menschen, die von Mentoren begleitet waren, höhere Ziele und hatten größere Schulerfolge zu verbuchen; Jugendliche, die zu Risikogruppen gehörten und durch „mentoring" begleitet wurden, waren dieser Studie zufolge eher in produktive Tätigkeiten involviert. Führen als Begleiten kann auch die Gestalt von mentoring annehmen. Mentoring ist eine Weise, Menschen auf deine Seite zu bringen.

Man kann nicht führen, ohne dass Menschen mitgehen. Ein guter Freund von mir hat lange eine Universität geleitet und immer gesagt: „Man kann nicht gegen die Menschen leiten, du musst die Kolleginnen und Kollegen auf deiner Seite haben!" Er hat dann einen Nachfolger bekommen, der von außen kam, einen „Managementzugang" verfolgte und das Schiff der Universität lenken wollte, ohne die Menschen im Boot zu haben. Das kann auf längere Sicht nicht gut gehen. Es ist ziemlich einsam, wenn du führst und keiner folgt nach. Und wenn du den Blick starr nach vorne gerichtet hast und die Menschen nicht ansiehst, kann es durchaus passieren, dass du alleine wanderst und die Menschen verloren hast.

In Deinem letzten Brief über das Zuhören hast Du vom Hören der Musik als Schlüssel zum Leben geschrieben. Berührende Geschichten. Begleiten ist Zuhören, Zuhören ist Begleiten. Ich halte viel von der Idee, dass Führen eine Form des Begleitens ist. Das englische Wort „accompaniment" drückt eine bestimmte Form der Begleitung aus, die sich sowohl der Jesuit Refugee Service als auch die weltweit tätige Organisation Partners in Health zu eigen gemacht haben. Für den Jesuit Refugee Service bedeutet accompaniment vor allem, sich für die einzelne Person Zeit zu nehmen, ihr zuzuhören und ihr auf diese Weise Raum zu geben, ihre Geschichte zu erzählen. Für Partners in Health bedeutet accompaniment vor allem langfristiges Mit-Gehen und Da-Sein.

Führen als accompaniment ist eine Spiritualität, keine „Strategie" oder „Technik". Die ersten Überlegungen zu accompaniment finden sich in der lateinamerikanischen Befreiungstheologie, die dadurch Elitismus entgegentreten und die Handlungsmacht von armutsbetroffenen Menschen ernst nehmen wollte. Roberto Goizueta hat in *Caminemos con Jesús: Toward a Hispanic/Latino theology of accompaniment* eine Latino-Theologie von accompaniment vorgestellt. Danach fand der Begriff des accompaniment Einzug in die Seelsorge und die Spiritualitätsforschung. John Sherrington beispielsweise diskutiert in seinem Text *The Journey of Accompaniment* die Rolle von accompaniment in der Pastoral für demenzkranke Menschen. Er betont die Bedeutung von echter Präsenz, von face-to-face-Begegnungen im Begleitsprozess sowie die Einladung, die Gaben der anderen Person und die andere Person als Gabe zu sehen. Das ist ein interessanter Gedanke, wenn man ihn etwa auf den ärztlichen Kontext überträgt.

Accompaniment enthält die lateinische Wurzel „cum pane", der Begriff transportiert also die Idee, das Brot mit jemandem zu teilen. Auch hier ist die Metapher von Nähren und Nahrung hilfreich. Einen Menschen zu begleiten bedeutet, das Brot mit ihm zu teilen. Teil der Führungsverantwortung ist es denn auch, Brot offerieren zu können. Das ist eine Frage der Substanz. Die Menschen hören dir eher zu, wenn du Substanzielles zu erzählen hast. Der amerikanische Philosoph Harry Frankfurt hat ein kurzes Buch über „Bullshit" geschrieben, über bangloses, aber wichtigtuerisches Geschwätz, wie wir es aus manchen Fernsehsendungen oder aus dem „Politiksprech" kennen. Es hat damit zu tun, dass Menschen sich in Situationen finden, in denen sie über etwas reden müssen, von dem sie keine Ahnung haben, aber so tun müssen, als würden sie sich auskennen. So entsteht „Bullshit" eigentlich durch Rollendruck und die Unfähigkeit zu sagen: „Ich weiß es nicht." Somit hat gutes Führen und gutes Begleiten mit der Fähigkeit zu tun, die eigenen Grenzen einschätzen und mit den eigenen Grenzen ehrlich umgehen zu können.

Wenn Menschen nichts Substanzielles anzubieten haben, verlieren sie Vertrauen. Wenn sie Vertrauen verspielt haben, hört man ihnen weniger und weniger zu, man erwartet keine entscheidenden Impulse mehr. So muss denn auch die Führungsverantwortung wahrgenommen werden. Ich erinnere mich an eine wunderbare Szene mit dem damaligen Kardinal Ratzinger, dem nachmaligen Papst Benedikt XVI.: Im Rahmen einer Audienz mit Angehörigen einer Theologischen Fakultät ließ sich ein Kollege zu der Aussage verleiten: „Ich lerne mehr von den Studierenden als sie von mir." Die trockene Antwort des Präfekten der Glaubenskongregation lautete: „Dann frage ich mich, wofür Sie ein Gehalt beziehen."

Der Punkt ist, will ich sagen, überzeugend. Ich kann viel von den Studierenden lernen, aber ich sollte in meinem Feld und meinem Fach doch „ressource person" sein, die den Studierenden Wesentliches vermitteln kann. Es kann auch eine Form von Bequemlichkeit sein, sich nicht um den substanziellen Input zu bemühen. Auch die Idee, dass man die Selbstbestimmung von Menschen respektieren müsse, kann schnell zur bequemen Aufgabe von Führungsverantwortung werden. Wenn Ärztinnen und Ärzte den Patientinnen und Patienten lediglich Optionen vorlegen und die Betroffenen dann selbst entscheiden müssen, ohne auf eine Empfehlung zurückgreifen zu können, kann das Ausdruck einer solchen Verweigerung von Verantwortung sein.

Begleitung ist „Strategie" und keine „Technik". Sie bedeutet eine Form des Mit-Seins über den Schutz einer professionellen Rolle hinaus. Accompaniment hat einem Gedanken von Mary Watkins zufolge mehr mit einem „being with" als mit einem „working for" zu tun. Ihr Artikel *Psychosocial Accompaniment* ist dahingehend sehr aufschlussreich. Accompaniment bedeutet im Kern: Weg und Brot teilen.

Wer führt, teilt Brot.

Herzliche Grüße

Clemens

LIEBER CHRISTIAN,

Führen ist Begleiten, ist accompaniment. Wer führt, teilt Brot. So habe ich den letzten Brief beendet. Eigentlich kann man es noch schöner ausdrücken. Wer führt, ist aufgerufen, Brot zu teilen. „Gebt ihr ihnen zu essen!", sagt Jesus zu den Jüngern, die auf Führungsaufgaben vorbereitet werden. Die Szene im vierzehnten Kapitel des Matthäusevangeliums ist beeindruckend. Jesus will eigentlich alleine sein, nachdem er die Nachricht vom grausamen Tod von Johannes dem Täufer erfahren hat. Viele Menschen wollen sich aber von ihm führen und begleiten lassen, und er nimmt sich der Menschenmenge an. Es wird Abend, die Jünger stellen wahrheitsgetreu und vernünftigerweise fest: „Der Ort ist abgelegen und es ist schon spät geworden. Schick doch die Menschen weg, damit sie in die Dörfer gehen und sich etwas zu essen kaufen können." In diesem Kontext fällt das mächtige Wort: „Sie brauchen nicht wegzugehen. Gebt ihr ihnen zu essen!"

Führen als Begleiten ist auch eine Form des Mitseins unter widrigen Umständen. Jesus geht nicht fort und schickt auch die Menschen nicht fort. Er arbeitet mit dem, was vorhanden ist, mit den verfügbaren fünf Broten und zwei Fischen. Er schafft Ordnung, indem er die Leute in Gruppen ins Gras setzen lässt, er verbindet sich mit dem Größeren, indem er den Lobpreis spricht und die Gaben verteilt. Alle werden satt. Hier zeigt sich Führen als Wahrnehmen und Anerkennen dessen, was ist; hier zeigt sich Führen als Ordnungschaffen und als

Einordnen in einen größeren Zusammenhang. Wieder zeigt sich, dass Führen viel mit Hinschauen und Hinhören zu tun hat.

Diese kurze Stelle sagt aber auch viel über Begleiten als „Bleiben" aus. Ben Quash hat in seinem lesenswerten Buch *Abiding* über das Bleiben in Beziehungen, an Orten, in Berufen, in Glaubenstraditionen nachgedacht. Begleiten ist eine Form des Bleibens.

Eines der stärksten Bilder für dieses „Führen als Begleiten als Bleiben" ist vor meinem inneren Auge der 5. August 1942. An diesem Tag bot sich den gequälten Bewohnerinnen und Bewohnern des Warschauer Ghettos ein schauriges Bild. Eine Prozession von etwa zweihundert Kindern bewegte sich auf den sogenannten Umschlagplatz am Bahnhof zu. Von dort brachte sie ein Zug ins Vernichtungslager Treblinka. Die Kinder stammten aus dem von Janusz Korczak und Stefania Wilczyńska geleiteten Waisenhaus „Dom Sierot". Korczak hätte sich mithilfe eines gefälschten Passierscheins dem Zugriff der Nazis entziehen können. Doch er konnte nicht anders, als zu bleiben, bei den Kindern zu bleiben. Selbst an diesem 5. August 1942, so der Augenzeuge Igor Newerly, hätte Korczak sein Leben wählen können. Der deutsche Platzkommandant hätte ihn ziehen lassen. Mit den Worten „Nicht jeder ist ein Schuft", stieg Korczak in den Waggon.

Führen als Begleiten. Begleiten als Bleiben.

Gerade von Janusz Korczak, seiner Praxis und seinen Schriften, etwa *Wie man ein Kind lieben soll* oder *Das Recht des Kindes auf Achtung*, kann man viel über Führen als Begleiten lernen. Korczak, der sich bereits in den 1920er Jahren für Kinderrechte eingesetzt hatte, wusste sich „der Sache des Kindes verpflichtet". Und daraus entstand eine besondere Form des

Führens. „Habe Mut zu dir selbst, und such deinen eigenen Weg. Erkenne dich selbst, bevor du Kinder zu erkennen trachtest", lesen wir bei Korczak in *Wie man ein Kind lieben soll* (S. 156). Selbsterkenntnis als erster Schritt zur Begleitungsarbeit, Arbeit am Selbst als Vorbereitung auf Führungsarbeit. Achtung vor den Kindern drückt sich in tiefem Interesse aus: „Ein guter Erzieher weiß, daß es sich lohnt, auch über winzige Episoden nachzudenken; es sind Probleme in ihnen verborgen." (Ebd., S. 182) Korczak hielt große Stücke auf den französischen Insektenforscher Fabre, der durch genaue Beobachtung, ohne die Tiere zu quälen oder zu töten, zu seinen Erkenntnissen gelangte. Begleiten will Aufmerksamkeit, Wachsamkeit, Achtsamkeit. Korczak war es auch wichtig, nichts zu verlangen, was man selber nicht ausprobiert hatte und ja keine Versprechungen abzugeben, die man nicht einhalten könne. Der gute Umgang mit dem guten Versprechen ist das Fundament für jenes Vertrauen, das für das Begleiten unerlässlich ist.

Begleiten bedeutet auch immer wieder, sich überraschen zu lassen. Ein Erzieher, der keine peinlichen Überraschungen erleben kann, ein Erzieher, der sich vor Schmutz ekelt, hat nach Korczak nichts in diesem Beruf verloren. Das sind kraftvolle Bilder für das rechte Begleiten, die zwei Grundfähigkeiten zu besitzen, nämlich „Schmutzfähigkeit" und die „Überraschungsfähigkeit". Schmutz ist nach Mary Douglas „matter out of place", also etwas, das an einem bestimmten Ort nicht sein soll. Ruhiger Umgang mit dem, was „out of place" ist, wie es ja auch unliebsame Überraschungen sein können, ist entscheidend für gutes Führen. Das ist mit innerer Enge nicht vereinbar. So kann man die „magnanimitas", die Fähigkeit, viele verschiedene Aspekte und Ideen im Inneren halten zu können, als Kerntugend nennen.

Begleiten ist Respekt. Im Recht des Kindes auf Achtung beklagt Korczak die herablassende Behandlung von Kindern: „Schwach, klein, arm, abhängig – ein Staatsbürger wird es erst. Wir behandeln es mit Mitleid, Schroffheit, Grobheiten und wenig Achtung." (S. 13) Diese Achtung spiegelt sich auch darin, das Kind nicht über sein Zukunftspotential zu definieren. Das Kind hat ein Recht auf den heutigen Tag. Diese Achtung zeigt sich vor allem aber auch in Vertrauen und Freiheit, die mit Rigorismus, Bequemlichkeit und Prinzipienenge unvereinbar sind: „Je dürftiger das geistige Niveau, je verschwommener das sittliche Profil, je größer die Sorge um die eigene Ruhe und Bequemlichkeit sind, desto zahlreicher begegnen dir Weisungen und Verbote, die von angeblicher Fürsorge für das Wohl der Kinder diktiert sind." (*Wie man ein Kind lieben soll*, S. 163) So kann man sich in der Führungsarbeit bei jeder Maßnahme fragen: Tue ich das, weil ich wirklich im Sinne des von Dir, Christian, angesprochenen „servant leadership" am Wohl der Mitarbeiter/innen interessiert bin, oder will ich nur mein eigenes Leben leichter machen? Begleiten ist harte Arbeit.

Begleiten nach Korczak ist eine Form des Miteinanders, die auch Raum für Fehler zulassen muss. „Es gibt Fehler, die du immer wieder begehen wirst, denn du bist ein Mensch und keine Maschine", schreibt er in *Wie man ein Kind lieben soll* (S. 179). Das ins Warschauer Ghetto gepferchte Waisenhaus musste unter immer unmenschlicheren Bedingungen geführt werden. Das konnte nur einigermaßen gelingen, weil Korczak und seine engste Mitarbeiterin Stefania Wilczyńska die Kinder achteten und liebten. Und diese Liebesfähigkeit verlangt Korczak zufolge ein gewisses „Mit-sich-und-dem-Leben-im-Reinen-Sein": „Die Zukurzgekommenen, die vom Leben stiefmütterlich Behandelten – hier rächen sie sich für widerfahrenes Unrecht. Enttäuscht in ihren ehrgeizigen Wünschen, gefallen sie sich in der Ausübung von Macht ohne Verantwortung, lassen sich ehrerbietig behandeln, erlauben gnädigst, daß man ihnen dient und geben despotisch ihre Befehle." (Ebd., S. 251) Immer wieder warnt Korczak vor Erziehern, die zu Tyrannen werden. Entsprechend großen Wert hat er im Waisenhaus auf Mitbestimmung und Mitverantwortung gelegt, auf ein auf Vertrauen basierendes Selbstverwaltungssystem, ein von Kindern geleitetes Kameradschaftsgericht und eine intensive Kommunikationsstruktur aus Informationstafel, Briefkasten und Zeitung.

Vieles gäbe es noch über Korczak zu sagen, aber die Grundgedanken sind klar: Führen ist Begleiten. Und Begleiten ist Bleiben. Damit im Zusammenhang stehen auch: Halten und Aushalten.

Wie hältst Du es mit unliebsamen Überraschungen und dem Brotvermehren?

Herzliche Grüße

Clemens

LIEBER CLEMENS!

Einer der berühmtesten Texte einer angetragenen, aber gescheiterten Begleitung findet sich in Johann Wolfgang Goethes *Faust*: „Mein schönes Fräulein, darf ich wagen, meinen Arm und Geleit Ihr anzutragen?" Margarete: „Bin weder Fräulein, weder schön, kann ungeleitet nach Hause gehen." Warum hat Margarete die angetragene Begleitung abgelehnt? Das Ergebnis dieses Dialogs kann nicht damit begründet werden, dass Frauen selbstbewusst durchaus auf männliche Begleitung verzichten können. Es war Nacht, die engen Gassen zwischen den Häusern waren dunkel und nicht ausgeleuchtet. Damals wäre Begleitung vielleicht gar ersehnt gewesen. In dieser Szene wird aber etwas von den Bedingungen einer guten Begleitung deutlich. Klarheit über die Motive einer angetragenen Begleitung wäre sicherlich hilfreich gewesen. Margarete, die von Goethe als reine Seele beschrieben wird, hat erspürt, dass Faust es mit seiner Zuvorkommenheit und Hilfsbereitschaft des Weggeleites nicht ehrlich meinte. Er wollte mehr und etwas anderes, als einer Dame ins sichere Zuhause zu verhelfen. So scheitert Begleitung und kann nicht gelingen. Die gewünschte Beziehung zu Margarete kann sich Faust nur mit Hilfe der unsauberen Methoden von Mephisto erschleichen. Eine dritte, nicht benannte Ebene wird eingezogen und vor Margarete verborgen. Die reine Seele bleibt rein und verzweifelt. Das Ende ist bitter, findet aber Gerechtigkeit vor dem Himmel.

Ist es nicht so, dass Begleitung nur auf Augenhöhe von Du zu Du gelingen kann? Diese Augenhöhe bedeutet Ehrlichkeit und Aufrichtigkeit in den Motiven und in der Begleitung selbst. Ein großer Menschenkenner, Ignatius von Loyola, weist darauf hin, dass beim Begleiten von Menschen die Fähigkeit der interessensfreien Einfühlung in den anderen Menschen eine wesentliche Bedingung darstellt. Es geht darum, zu hören und zu erspüren, wie es dem Gegenüber geht und was ihn bewegt. Erst wenn erfasst wird, was beim anderen Menschen wirklich Sache ist, kann – dem Du angemessen – gut begleitet werden. Offenheit dem anderen gegenüber braucht Vertrauen. Vertrauen wiederum wird gestärkt durch Erfahrungen von Ehrlichkeit und Wahrhaftigkeit im Umgang miteinander und der gemeinsamen Klarheit bezogen auf die Ziele der Begleitung.

Führen im Sinne des Begleitens von Mitarbeitenden bringt den Chef oder die Chefin in eine Coaching-Rolle. Der Mitarbeitende wird in der Begleitung darin unterstützt, unterschiedliche Perspektiven auf seine Fragestellung und seine zu lösenden Aufgabenstellungen einzunehmen, um die beste Lösung oder Antwort im Sinne der Organisation und ihrer Ziele zu finden. Die Führungskraft gibt keine Antworten oder fertige Lösungen vor, sondern ermutigt die Mitarbeitenden, ihre eigenen Lösungskompetenzen zu aktivieren und darauf zu vertrauen. Ein begleitender Führungsstil erhöht damit die Selbstwirksamkeit der Mitarbeitenden. Mitarbeitende werden so zu Mitunternehmerinnen und Mitunternehmern. Das stärkt den Teamgeist in einer Organisation und führt zu einem guten Betriebsklima.

Die Fähigkeit, jemanden zu begleiten, setzt aber die Erfahrung eigener Begleitung voraus. Das heißt, zu wissen, wie schwer es sein kann, sich einzulassen, offen zu sein, zu vertrauen, bereit zu sein, sich mitzuteilen und über Ängste und Hoffnungen zu sprechen. Erst die benannten zwischenmenschlichen Vorgänge ermöglichen eine gute Begleitung. Begleitung braucht Kompetenz. Der Begleitende sollte etwas zu geben haben. Lieber Clemens, Du hast das die nährende Dimension eines Menschen genannt. Eine Führungskraft strahlt Kompetenz aus, wenn sie um das Wie und das Was eines Vorgangs Bescheid weiß und dies auch vermitteln kann. Bei einer Fußwallfahrt schienen wir uns in einem Waldstück vergangen zu haben. Die Stimmung der Gruppe drohte zu kippen als klar wurde, dass selbst unser Pilgerbegleiter den Weg nicht mehr wusste und – schlimmer noch – sich auch nicht in der Lage fühlte, mit dieser Situation gelassen und souverän umzugehen.

Begleiten hat meist auch etwas mit Bewegung zu tun. Wir begleiten jemanden auf seinem Weg. Damit kommt das Gehen ins Spiel. Es gibt eine Philosophie, die im Gehen entwickelt wurde. Die Schule des Aristoteles wurde die Schule der Peripatetiker – der Gehenden, Wandelnden – genannt. Lieber Clemens, auch Du wirst gewiss schon die beglückende Erfahrung der Entwicklung von Gedanken und der Geburt von Ideen beim Gehen gemacht haben. Die präventiv-therapeutische und belebende Wirkung des Gehens auf das Gehirn haben heutige Hirnforscher vielfach festgehalten und dokumentiert. Wenn aber ein Problem sich so festsetzt, dass man selber im Kreis geht und nicht weiterkommt, ist ein Begleiter, der zuhört und gute Fragen stellt, von großem Nutzen. Ein Gang zu zweit kann sehr fruchtbar und beglückend sein. Jeder von uns kennt Situationen aus dem eigenen Leben – beruflich wie privat –, in denen bei einem Spaziergang mit einem Freund oder einer Freundin im Dialog Schwierigkeiten und Probleme ausgesprochen und mögliche Lösungen und Perspektiven entwickelt werden konnten. Möglicherweise redet es sich im gemeinsamen Gehen sogar leichter als beim Gegenübersitzen. Alles kommt in Bewegung, alles beginnt zu fließen – auch festgefahrene Gedanken; und manch Unlösbares relativiert sich. Begleiten inkludiert sowohl die Bereitschaft mitzugehen, als auch Wege in unbekanntes Gelände gemeinsam zu beschreiten. Du, lieber Clemens, hast auf die Bedeutung des Bleibens und der Treue beim Begleiten hingewiesen.

Führungskräfte, die bei wichtigen Gesprächen mit ihren Mitarbeitenden ins Freie gehen und einen Spaziergang machen, finden meist gute Lösungen. „Camminare insieme" – gemeinsam vorwärtsgehen. Das freie Gesichtsfeld beim Gehen schenkt einen open mind und öffnet Geist und Sinn für neue Möglichkeiten. Der Möglichkeitssinn war dem dänischen Philosophen Sören Kierkegaard besonders wichtig. Er war ein leidenschaftlicher Spaziergänger. Über die Bedeutung des Gehens sagte er: „Ich kann nur beim Gehen nachdenken. Bleibe ich stehen, tun dies auch meine Gedanken; mein Kopf bewegt sich im Einklang mit meinen Beinen. Ich bin zu meinen besten Gedanken gegangen und ich kenne keinen Gedanken, der so bedrückend wäre, dass man ihn nicht gehend hinter sich lassen könnte." Sören Kierkegaard war auch ein notorischer Einzelgänger. Wir können uns aber gut vorstellen, dass sich betreffend gewisser Fragen und bezogen auf besonders schwierige Situationen sein Diktum über das Gehen und das Denken bei einem Spaziergang zu zweit in tieferer Weise erfüllen könnte. Dabei kommt es beim Begleiten nicht immer auf das Reden an, aber immer auf das Zuhören. Das schlichte Dasein des anderen Menschen schenkt Zuversicht. Wie hilfreich ist manchmal das Wort: „Ich bin eh da." Eine Führungskraft, die physisch und geistig da ist, in der spürbaren Bereitschaft zu begleiten, stärkt Vertrauen und schenkt Sicherheit. Führungskräfte stehen nicht im Weg, sondern gehen mit. Begleiten heißt einfach Mitgehen.

Lieber Clemens, Du hast mich gefragt, wie ich es mit unliebsamen Überraschungen und dem Brotvermehren halte. Bei ungeplanten, unangenehmen Störungen frage ich meist kompetente Mitarbeitende, wie sie das sehen und was sie glauben, das zu tun sei. Nicht selten führt das zur Brotvermehrung und zum Teilen: Vermehrung von Wissen und Kompetenz, weil es mitgeteilt wird. Wir teilen, was wir haben und schauen dann, ob es genügt. Meistens genügt es. Der Weg führt weiter.

Herzliche Grüße
Christian

3. ANS ZIEL FÜHREN

LIEBER CHRISTIAN,

nach Deinen schönen Ausführungen zum Gehen, dem Miteinandergehen und der damit verbundenen Einsicht in Begleiten auf Augenhöhe auf Basis eigener Erfahrung von Begleitetsein wollen wir uns über die Dynamik unterhalten, jemanden an ein Ziel zu führen.

Führen hat im Unterschied zu Leiten vor allem damit zu tun, dass hier ein Ziel vor Augen stehen muss. Führen bedeutet in einem wichtigen Sinn, jemanden an ein Ziel zu führen. Da wir beide eine Liebe zum Osttiroler Defereggental haben, wird uns da sofort der Bergführer einfallen, der eine Gruppe auf den Gipfel führt. Chris Warner und Don Schmincke haben in ihrem Buch *High Altitude Leadership* darüber nachgedacht, warum so viele Expeditionen auf den Mount Everest scheitern. Sie kommen auf interessante Einsichten, etwa auf Selbstüberschätzung und den deplatzierten Ehrgeiz, als Erster am Gipfel zu sein. Führen wie auch Geführtwerden haben viel mit Demut zu tun, mit der Fähigkeit, auf das Team und die Personen mit Erfahrung und Verantwortung zu hören, und sich als Teil dieses Teams zu wissen. Mitunter scheitern Expeditionen im Himalaya nicht, weil die Vorbereitung unzureichend war, sondern weil die Expedition sich zu sehr auf die Ausrüstung und die Technik verlassen hat. Hier gibt es die „Verführung durch Ausrüstung". Das kann man sich so vorstellen, wie ein in einer engen Gasse stecken gebliebener LKW, der vom Navigationsgerät dorthin geleitet wurde. Hier gilt der schöne Satz: „A fool with a tool is still a fool. – Ein Narr mit einem Werkzeug ist immer noch ein Narr." Gerade in Zeiten von Monitoring-Instrumenten und Evaluationsmitteln ist der Hinweis, dass Führungsarbeit nicht an Programme delegiert werden kann, egal wie ausgeklügelt sie auch sein mögen, besonders wichtig. Urteilsvermögen und Hausverstand können nicht ersetzt werden, weil wir uns immer wieder in neuen Situationen finden, die Einzigartigkeit und entsprechendes Augenmaß einfordern und eine Frische im Urteil verlangen.

Da Führungsverantwortung die Aufgabe mit sich bringt, jemanden an ein Ziel zu führen, bietet sich das Bild einer Expedition als Beispiel für gutes Führen an. Hier sind einige Aspekte festzuhalten: angemessene Ausrüstung und umsichtige Vorbereitung; Klarheit des Ziels; realistische und ortskundige Wahl einer Route und eines Reiseplans, der auch Spielräume für Unvorhergesehenes lässt; die Bereitschaft, Risiken einzugehen, und die Bereitschaft, im Team zu arbeiten und Anstrengungen auf sich zu nehmen.

Hier kann man so viel aus der Geschichte lernen. Ich nenne nur ein Beispiel: Ernest Shackletons „Imperial Trans-Antarctic"-Expedition in den Jahren 1914–1917. Er bereitete sich penibel vor und wählte seine Crew sorgfältig aus. Doch leider setzte sich das Expeditionsschiff, die Endurance, am 18. Januar 1915 im Packeis des Weddellmeers fest, des größten der rund 14 Randmeere des Südlichen Ozeans am antarktischen Kontinent. Shackleton befahl, das Schiff als Winterstation vorzubereiten und hoffte auf den Frühling, der sich im September auch einstellte. Allerdings übte das Eis zu großen Druck auf das Schiff aus, sodass Wasser einzudringen begann. Ende Oktober gab er den Befehl, das Schiff aufzugeben, das schließlich am 21. November versank. Die Crew hielt sich monatelang auf einer Eisscholle, in der Hoffnung, weitergetrieben zu werden; die Scholle zerbrach in zwei Teile, Shackleton befahl seiner Mannschaft, sich in die drei Rettungsboote zu retten; nach fünf Tagen landeten sie auf der Elefanteninsel in der Antarktis – nach knapp 500 Tagen (497 um genau zu sein) setzten sie ihren Fuß wieder auf stabilen Boden. Freilich, die Insel war kein menschlicher Lebensraum.

Shackleton musste eine „Leben oder Tod"-Entscheidung treffen und entschied sich dafür, mit dem stärksten Rettungsboot, das der Schiffstischler Harry McNish noch verbesserte, so gut es ging, eine abenteuerliche Rettungsreise zu unternehmen – zur Walstation von South Georgia, wo sie Hilfe holen konnten. Shackleton wählte fünf Begleiter für die lebensgefährliche Reise, darunter den erwähnten Schiffstischler, der die Autorität Shackletons schon in Frage gestellt hatte und ein schwieriger Mensch war. Shackleton sah über diesen Akt des Ungehorsams hinweg, wusste um die Fähigkeit von McNish und wollte auch die Moral der zurückgebliebenen Männer durch einen schwierigen Zeitgenossen keinem vermeidbaren Risiko aussetzen. Am 24. April 1916 brach diese Rettungsmission auf, nachdem man Vorräte für vier Wochen aufgeladen hatte. Würde man das Ziel nicht in diesem Zeitrahmen erreichen, war die Mission gescheitert. Tatsächlich landeten sie am unbewohnten Südufer von South Georgia, was die Notwendigkeit mit sich brachte, die Insel zu durchqueren. Shackleton wählte zwei Männer aus und nach 36 lebensgefährlichen Stunden und 51 Kilometern erreichten sie am 20. Mai 1916 die Walstation. Shackleton bat sofort darum, die anderen drei Männer auf der Südseite von South Georgia abzuholen und plante dann die Rettung der 22 Männer auf der Elefanteninsel, was am 30. August 1916 auch gelang.

Keine Frage: Shackleton hatte das eigentliche Expeditionsziel verfehlt, aber er hatte ein viel tieferes Ziel erreicht: Alle 27 Männer der Expedition überlebten. Das sagt auch etwas über die notwendige Flexibilität in der Zielanpassung aus und über eine Einstellung, die man mit „Der Mensch zuerst" benennen könnte. Gerade bei Institutionen ist dieser Hinweis ein wichtiger Punkt, nämlich: „Die Institution ist für den Menschen da, nicht der Mensch für die Institution." Shackleton sorgte sich um seine Mannschaft. Er hatte auch die Unterhaltung der Männer im Blick (Musik, Bücher), er sah die Männer nicht nur als Werkzeuge zur Erreichung eines ehrgeizigen Ziels. Er gab seine eigenen Handschuhe an seinen Kollegen Frank Hurley, was zu Erfrierungen an Shackletons Händen führte. Ein Expeditionsmitglied, Schiffskapitän Frank Worsley, beschrieb Shackleton als sorgende Führungspersönlichkeit, die großen Wert auf gute Küche und gutes Essen für alle legte. Worsley lobte seinen Humor und seinen Takt, negative Entwicklungen zunächst nur im engsten Kreis zu besprechen und nicht alle damit zu belasten. Shackleton war nahe an Stimmung und Klima. „He seemed to keep a mental finger on each man's pulse", notierte Worsley. Er war großzügig mit Lob, beklagte sich nie und zeigte eine beeindruckende Selbstlosigkeit, indem er sich selbst stets an den ersten Gefahrenpunkt setzte.

Selbst wenn es im Alltag der Führungsverantwortung selten so dramatisch zugeht, sind doch die Eckdaten ähnlich: Was hat Priorität? Das Wohl der betroffenen Menschen oder etwa der Ruf der Institution? Traurigerweise ist diese Frage real. Der sogenannte Murphy-Bericht, der die Hintergründe des weit verbreiteten sexuellen Missbrauchs von Kindern durch Kleriker untersuchte, nannte als einen Punkt den Umstand, dass der Ruf der Kirche für die Verantwortungsträger wichtiger war als das Kindeswohl. Hier bedarf es also dessen, was Susan Neiman „moralische Klarheit" genannt hat, mit der Bereitschaft, einen Preis zu zahlen. Shackleton hatte das Wohl seiner Männer vor Augen und gab das Expeditionsziel nach Verlust des Expeditionsschiffs auf. So hat Führen mitunter nicht nur mit „nach vorne führen", sondern auch mit „zurückführen" zu tun.

Zeitlos ist wohl auch der Hinweis auf die Klarheit des Ziels und die Klarheit des Weges zu diesem Ziel – mit der entsprechenden Flexibilität, sich anzupassen; wie ein Navigationsgerät, das sich nach einer falschen Abzweigung neu kalibriert. Ich bin gerade dabei, einen strategischen Plan für das Institut, das ich leite, zu erarbeiten. Die Klarheit des Ziels, eine Vorstellung von vernünftigen Wegen zum Ziel sowie die Fähigkeit, flexibel zu agieren, scheinen Grundzutaten zu sein. Die Klarheit des Ziels vereint nüchternes Abwägen mit einem Brennen für das Ziel – Herzblut.

Lieber Christian, ist Dir schon einmal eine Expedition gescheitert? Wie führst Du Menschen an ein Ziel?

Herzliche Grüße

Clemens

LIEBER CLEMENS!

Danke für Deinen Brief mit der beeindruckenden Schilderung von Ernest Shackletons Verhalten, durch das er alle 27 Männer seiner Expedition gut nach Hause gebracht hat. Das Ziel der „Imperial Trans-Antarctic"- Expedition wurde zwar nicht erreicht, Mister Shackletons sicherte aber durch sein kluges und mutiges Vorgehen das Überleben seiner ihm anvertrauten Mannschaft. Er hat sich angesichts einer gefahrvollen Entwicklung für ein neues Ziel entschieden, nämlich Leben zu retten, wodurch er glanzvoll Leadership bewiesen hat. Manchmal ist es eben nötig, auf dem Weg das ursprünglich intendierte Ziel zugunsten eines in der Situation bedeutsameren Zieles aufzugeben. Wie auch immer: Erfolgreiches Führen geht ohne Ziel oder Ziele nicht.

Wenn wir uns ein Ziel als das vorstellen, was Orientierung gibt, dann betrifft dies irgendwie das Leben als Ganzes. Der große griechische Philosoph Aristoteles sprach in diesem Zusammenhang von Entelechie. Gemeint ist damit, dass alles, was existiert, orientiert ist und somit ein Ziel in sich trägt. Das Wort Entelechie benennt es: „telos echon" – ein Ziel haben. Zur Verdeutlichung; Meine Tochter und ich haben in einen Blumentopf mit Erde Sonnenblumenkerne gelegt. Täglich haben wir in Folge am Balkon nachgesehen, ob sich schon etwas tut. Es war wunderbar zu beobachten, wie aus den Sonnenblumenkernen nach und nach kleine Pflanzen aus der Erde hervorkeimten, sich Stängel, Blätter und eine Blüte entwickelten und schließlich ein wunderschöner Sonnenblumenkopf entstand. So kann man sagen, dass in den Sonnenblumenkernen schon das Ziel (telos) „Sonnenblume" angelegt ist. Wenn man Kinder beim Puzzlespiel zusieht, strebt alles nach dem Vollenden mit dem letzten Puzzleteil. Das erreichte Ziel (fertiggestelltes Puzzle) schenkt innere Befriedigung und Freude. War nicht in der Begegnung zwischen Michelangelo und dem Carrara-Marmor die Gestalt des berühmten David schon irgendwie anwesend, noch bevor Hammer und Meisel den Marmor zersplitterten? Ein Ziel richtet uns aus, strebt nach Verwirklichung und motiviert uns zur Tat. Lieber Clemens, ist es nicht so?

Simon Sinek beschreibt in seinem 2009 erschienenen Bestseller *Start with „Why?"* drei Fragen, die bei allem was wir tun, Relevanz haben: Was tun wir? Wie tun wir es? Warum tun wir es? Er stellt diesen „Golden Circle" als drei sich jeweils umschließende Kreise dar, wobei der innerste Kreis die Frage „Why?" umschließt. Die Frage „Why?" sei die entscheidendste aller Fragen – für jede Unternehmung und jede Organisation. Wenn diese Frage klar und am besten kurz und bündig beantwortet ist, ergibt sich daraus alles Weitere. Erfolgreiche Organisationen zeichnen sich dadurch aus, dass sie auf die Frage „Why?" eine prägnante Antwort haben. Das gilt auch für jeden einzelnen Menschen. Was treibt uns morgens an aufzustehen und etwas zu tun? Was gibt uns Orientierung, auch in schwierigen Lebensphasen? Ein starkes „Why?" hat eine vitalisierende Motivations- und Zugkraft und kann Menschen zu bemerkenswerten Leistungen anregen. Für mich steckt in diesem „Why?" ein umgreifendes Worumwillen und Woraufhin, aus dem sich alle Ziele und Teilziele auf dem Weg herleiten. Wenn Menschen ihr Worumwillen gefunden haben, sind sie fokussiert, aktiv und lebendig. Das ist besonders bei Menschen erfahrbar, die lange auf der Suche nach dem waren, was für sie passt und wo sie sich mit ihren Fähigkeiten gut einbringen können. Oft wird in diesem Zusammenhang auch von „Bestimmung" oder „Berufung" gesprochen. Das eigene „Why?" oder das eigene berufliche wie private, jedenfalls die persönliche Existenz ergreifende Ziel gibt dem Leben Richtung und Kontur und schenkt – einmal gefunden und ergriffen – tiefe innere Zufriedenheit. Ziele finden einen oder eine. Ziele werden gefunden und angestrebt. Ziele richten Menschen und Organisationen aus und geben Identität.

Wer sich mit dem „Why?" eingehender beschäftigt, wird zwei Perspektiven entdecken können. „Warum?" stellt die Frage nach der Herkunft von etwas. Warum ist das so? Woher kommt das? Was ist der Ursprung von etwas – einer Unternehmung oder einer Organisation?

Bei „Wozu?" ist der Blick nach vorne auf das Woraufhin gerichtet. Was ist der Zweck des Ganzen? Was soll erreicht werden und was ist das angestrebte Ziel? Anfang und Ende hängen zusammen. Wer in einem Unternehmen oder einer Organisation wissen will, warum es diese gibt und was ihr Zweck und ihre Zielrichtung ist, wird sich mit der Gründung und den dort formulierten Motiven und Zwecken der Unternehmung oder der Organisation beschäftigen müssen. Nicht umsonst gibt es in großen, auch global tätigen Unternehmen Expertinnen und Experten, die sich mit den Gründungsereignissen und der Geschichte der Organisation beschäftigen. Das wird heute History-Management bezeichnet. Dabei geht es aber nicht um die Geschichte als Geschichte, sondern um die Zukunftsfähigkeit des Unternehmens. Oft stehen hinter solch einem Tun Krisen und Prozesse der Neuausrichtung. Es geht um die Frage, welche strategischen Ziele aus dem großen ursprünglichen „Why?" eines Unternehmens abzuleiten sind. Im Anfang liegt die Quelle zukünftiger Lebendigkeit und Resilienz einer Organisation. Herkunft ist Zukunft – wie es in der Philosophie heißt.

Der tiefschürfende christliche Theologe und Philosoph Aurelius Augustinus hat darauf hingewiesen, dass mit der jüdisch-christlichen Denkfigur einer Schöpfung als Anfang des gesamten Kosmos und der Denkfigur der Wiederkunft von Jesus Christus als Ende der Zeiten, dem Kosmos und der Geschichte des Universums ein klarer Anfang und ein klares Ende/Ziel gesetzt wurden. In einer großen spirituellen Schau ist für ihn Gott als der gute Anfang und das gute Ende, das Alpha und das Omega von allem identifiziert. In diesem geschichtsphilosophischen Gedanken sind auch der Mensch und die Geschichte der Menschheit eingezeichnet. Für Augustinus ist der Mensch ein auf ein Ziel ausgerichtetes Wesen. Auf etwas hin ausgerichtet zu sein, ist daher eine wesentliche Eigenschaft des Menschen. Das Gegenbild wäre ein Leben als ein „Ewiges-im-Kreis-laufen". Keine angenehme Vorstellung, finde ich. Der Mensch braucht Ziele, um ein erfülltes Leben zu haben. Nach Augustinus ist das gut so. Ein guter Anfang und ein gutes Ende – umfangen vom großen „Why?". Der Mensch kann auf diesem Vertrauensgrund schöpferisch die Zukunft gestalten – und sinnstiftende Ziele verfolgen. Ziele, die zu mehr Wachstum und Lebendigkeit führen – das ist ja erstrebenswert für Unternehmen wie auch für jeden und jede von uns.

Lieber Clemens, wer führt, muss um das „Why?" einer Organisation oder eines Unternehmens wissen, auf das er oder sie hinführt. Und: Führen geht nicht ohne Vertrauen.

Hier kann Augustinus hilfreich sein. Anfang gut, Ende gut. Und dazwischen das ehrliche Bemühen, das Beste zu geben. Was braucht es mehr?

    Herzliche Grüße

    Christian

LIEBER CHRISTIAN,

danke für Deine Zeilen. Die Warum-Frage ist eine der Fragen, die wir als Einzelne und als Gesellschaft nicht abweisen können. Warum stehen wir auf? Was bringt uns in den Tag hinein?

Eine Unternehmerin aus Tirol, die jederzeit ihren Betrieb lukrativ veräußern könnte, hat mir einmal gesagt: „Ich frage mich angesichts der vielen Herausforderungen und angesichts der großen Verantwortung schon immer wieder, warum ich das mache. Warum soll ich mich nicht an die Riviera zurückziehen?"

Die Frage ist gut und wichtig, gerade weil sie aus der Gedankenlosigkeit reißt und das Leben, wie es gelebt wird, nicht als gegeben und selbstverständlich angesehen wird. Die Frage ist ein Prüfstein für die eigene Motivation und Verankerung im Leben. Wenn man sich ernsthaft mit dieser Frage beschäftigt, kann man vielleicht sehen, dass es eine Reihe von Antworten gibt, die wenig Halt geben. Warum tust du, was du tust? Wenig hilfreiche Antworten sind: Weil ich es immer so gemacht habe; weil ich nicht weiß, was ich sonst machen soll; weil ich Angst habe, etwas zu verändern; weil ich nur mehr wenige Jahre bis zum Ruhestand habe. Diese Antworten können und sollten wohl auch beunruhigen. Die bekannte Frage nach den andauernden Gründen ist wichtig: Was von den Dingen, die du jetzt tust, würdest du nicht tun, wenn du jetzt über diese Dinge entscheiden müsstest?

Bei der von mir erwähnten Unternehmerin spielt die Geschichte ihres Unternehmens bei der Beantwortung der Warum-Frage eine entscheidende Rolle. Sie hat das Unternehmen 30 Jahre lang mitgeprägt, führt es in dritter Generation. Das gibt eine Gewichtigkeit, die zugegebenermaßen auch Ballast sein kann, aber jedenfalls deutlich macht, dass es nicht nur um Lust, Laune und Spaß geht, sondern um etwas, das größer ist als die eigene Person und die eigene Befindlichkeit. Hier zeigt sich auch der von Dir angesprochene Zusammenhang von Herkunft und Zukunft. Die Kunst, sich selbst in einem größeren Rahmen zu sehen, ist wohl Teil jeder ehrlichen Führungsverantwortung, die nicht die eigene Person in die Mitte stellt.

Die von Augustinus gegebenen Hinweise von Anfang und Ende scheinen mir da hilfreich. Es ist gut zu wissen, dass wir sterben werden; es ist gut, für das Ende bereit zu sein; es ist auch gut zu wissen, dass jedes Unternehmen, jede Institution an ein Ende kommt und Mittel zum Zweck ist. Marko Feingold, der als ältester Holocaust-Überlebender im September 2019 im Alter von 106 Jahren verstorben ist, hat seine Autobiographie mit *Wer einmal gestorben ist, dem tut nichts mehr weh. Eine Überlebensgeschichte* betitelt.

Wer dem Tod und dem Ende ins Auge gesehen hat, kann in einer Freiheit leben, auch in einer Angstfreiheit. Gilt dies nicht auch für Unternehmen und Institutionen? Ermöglicht es größere innere Freiheit im Führen, wenn ich bereit bin, mich mit dem Ende der Einrichtung zu beschäftigen? Mit Blick auf manche religiöse Orden, die mit dem Weiterbestehen kämpfen, kann man diese Fragen konkret stellen. Ich erinnere mich an eine Wortmeldung meines Mentors Pater Anton Mettrop beim Innsbrucker Ordenstag. Pater Anton war Afrikamissionar, ein Priester der „Weißen Väter", wie sie nach ihrer Kleidung genannt wurden. Sein Orden, der im 19. Jahrhundert von Kardinal Lavigerie gegründet worden war und sich stark gegen die Abschaffung der Sklaverei in Nordafrika eingesetzt hat, hat auch mit Nachwuchssorgen zu kämpfen. Pater Anton erklärte den Anwesenden: „Und wenn der Orden eines Tages zu einem Ende kommt, so kann das auch gut sein; wir haben unsere Aufgabe gehabt und einen Beitrag geleistet; vielleicht braucht es in Hinkunft Anderes und Andere." Das ist eine Einstellung, die auch etwas Befreiendes an sich hat.

Hier spielt das von Dir angesprochene Geschichtsbewusstsein eine wichtige Rolle – zu wissen, dass Gutes geschehen ist, kann vom Druck, der in der Zukunftsperspektive liegt, entlasten. Natürlich merke ich aber auch an, dass ich nicht so naiv sein will zu glauben, dass die Geschichte nicht auch belastender Auftrag sein kann – wie schmerzhaft ist es doch, Traditionshäuser zu schließen. Die Ziele adaptieren sich.

Du kennst sicherlich Gesundheitsdefinitionen, die Gesundheit als Fähigkeit zweiter Ordnung verstehen, etwa im Sinne: Gesundheit ist eine Fähigkeit zweiter Ordnung, so mit Fähigkeiten und Grenzen umzugehen, dass wichtige Lebensziele erreichbar bleiben. Nach dieser Definition kann ich gesund sein, wenn ich die Mittel zur Erreichung der Ziele anpasse (ich trage eine Brille zum Lesen) oder aber, wenn ich die Ziele adaptiere (wenn ich nach einem Unfall im Rollstuhl sitze, werde ich das Lebensziel, einen traditionellen Triathlon zu bestreiten, zu adaptieren suchen). Ähnlich können und müssen Ziele von Unternehmen adaptiert werden, wenn das Unternehmen gesund bleiben will. Die wirtschaftliche Grundlage von Klöstern ändert sich in vielen Bereichen – von der Forstwirtschaft zur Immobilienbewirtschaftung. Der Klimawandel lässt das

Ziel des nachhaltigen Wirtschaftens in den Vordergrund rücken. Ethische Ansprüche an Produkte steigen.

Wir sprechen hier von der Kunst, Menschen an Ziele zu führen, im Wissen darum, dass das Ziel stets Mittel zu einem anderen, tieferen Zweck ist. Jedes Unternehmen ist ein Mittel zu einem Zweck, jede Organisation, auch die Kirche. Deswegen müssen ja auch die Unternehmens- und Organisationsziele adaptiert werden, mit Blick auf das je größere Ziel, dem das Unternehmen dient. Und das je größere Ziel kann umrissen werden mit Begriffen wie „Gemeinwohl" oder „Kultur von menschenwürdigem Leben". So scheint mir die Frage klug: Auf welche Frage oder auf welche Fragen gibt das Unternehmen eine Antwort?

So würde ich die Frage nach den kleinen operativen Zielen immer auch mit der Frage nach großen grundsätzlichen Zielen verbinden. Hast Du eine Antwort darauf, wenn Du nach den grundsätzlichen Zielen des Krankenhauskomplexes gefragt wirst? Wie würdest Du es formulieren? Dass Gesundheit ein hohes Gut ist, aber nicht das höchste Gut sein kann, dürfte auf der Hand liegen – schließlich lebe ich nicht, um gesund zu sein, sondern versuche gesund zu sein, um das Gute leben zu können. Auf welche Frage(n) gibt ein gutes Krankenhaus Antwort?

Eine Bemerkung noch zu zielgerichtetem Führen: Hier können wir zwei Formen unterscheiden: Auf der einen Seite ist einmal die Kunst, jemanden an ein Ziel zu führen, das man schon kennt. Wenn wir Gäste haben, führen wir sie gerne im Defereggental zum Wasserfall nach Mariahilf. Wir kennen den Weg, wir kennen das Ziel, wir können schon bei Aufbruch davon erzählen, wie der Zielort aussehen wird. Diese „Zielsicherheit" ist der Lebenserfahrung geschuldet, einem Erfahrungsvorsprung. Eltern, so hat es die Natur eingerichtet, sind älter als ihre Kinder, haben mehr Lebenserfahrung, können sie zu Zielen führen, die sie schon kennen.

Die zweite Art und Weise, Menschen an ein Ziel zu führen, ist wohl die Realität des unternehmerischen Alltags und der Führungsarbeit – hier führst du Menschen an einen Zielort, den du nicht kennst. Wenn der Vergleich nicht etwas überdimensional wäre, könnte man hier sagen: Führungsarbeit heißt, Menschen durch die Wüste ins gelobte Land zu führen, also das Projekt des Mose. Er wurde, so erzählt es die hebräische Bibel, von Gott aufgefordert, das Volk Israel aus der ägyptischen Gefangenschaft in ein Land, das Gott dem Volk geben würde, zu führen. Der Weg führte durch die Wüste, unter Entbehrungen und Unsicherheiten.

Bleiben wir bei dem Motiv der Wüste – hier herrschen Kargheit und Unwirtlichkeit, es ist kein Ort, zu bleiben; die Erschwernisse des Lebens in der Wüste sind dann auszuhalten, wenn ein Ziel vor Augen steht. Im Falle des Volkes Israel war das Ziel ein Versprechen, unter dem sich das Volk nur wenig vorstellen konnte. „Das gelobte Land" – ein Versprechen gegründet auf Vertrauen: Vertrauen auf Gott, Vertrauen auf Mose. Immer wieder wurde dieses Vertrauen auf eine harte Probe gestellt. Immer wieder finden wir das murrende Volk. Und immer wieder muss wunderbarerweise eingegriffen werden, etwa mit dem mächtigen Motiv des Himmelsbrotes, des Manna. Die Schlüsselstelle hier ist Exodus 16: Gott spricht zu Mose angesichts des murrenden Volks, das über Hunger und Entbehrung klagt: „Ich will euch Brot vom Himmel regnen lassen. Das Volk soll hinausgehen, um seinen täglichen Bedarf zu sammeln." (Ex 16,4) Damit wird auch das Vertrauen in die Führung von Mose gestärkt, wenigstens eine Zeit lang (das

Volk murrt viel). Mose hat ein Ziel ausgegeben („das gelobte Land"), ein Warum für dieses Ziel (gutes Leben in Freiheit), mit Gottes Beistand kann er auch Mittel zur Verfügung stellen (Manna). Die Mittel laden aber zu kleinen Schritten ein, dem Blick auf den täglichen Bedarf. So wie wir auch im Vater Unser um das tägliche Brot beten. So gibt es das ferne Ziel und das nahe Ziel, wobei das ferne Ziel Ausdruck eines größeren Warums ist. Und diese Mittel müssen immer wieder neu gegeben werden – auch als Quellen von Motivation und Kraft. So finden wir in den biblischen Erzählungen (im Buch Numeri, Kapitel 13) von Mose ausgesandte Kundschafter, die ins gelobte Land ziehen, um seine Beschaffenheit zu prüfen; sie kommen mit Früchten (Trauben, Granatäpfeln, Feigen: Numeri 13,23) zurück. Das wird gewissermaßen ein Unterpfand der Hoffnung, die trägt. Ans Ziel führen verlangt auch, die Sehnsucht nach dem Ziel zu nähren.

Wie ist Deine Erfahrung mit dem fernen Ziel, dem größeren Warum und den Mitteln, um durch die Wüste zu führen?

Vielen lieben Dank und ebensolche Grüße

Clemens

LIEBER CLEMENS!

Danke für Deinen Brief. Deine Frage, wie Führen in einer Situation wie bei Mose in der Wüste gelingen kann, vor allem, wenn das Ziel nicht ganz klar vor Augen liegt, hat in der Covid-19-Pandemie viel an konkreter Verdichtung erfahren. Das Virus war plötzlich da. Es veränderte alles. Auch das Leben im Krankenhaus. Die Bilder aus der Lombardei, aus Bergamo und aus New York lehrten das Fürchten: Viele Särge, erschöpfte Ärzte/innen und Pfleger/innen etc. Eine wahre Schockwelle ging durch die Welt. Auch die Mitarbeitenden im Krankenhaus waren ratlos und in großer Sorge. Es war kein sicheres Wissen vorhanden: über das Virus nicht, über die medizinischen und pflegerischen Antworten darauf nicht, über die Zukunft der nächsten Wochen und Monate nicht.

Welche Führungshandlungen und -haltungen haben sich nun in dieser Anfangszeit des Virus als einer Zeit der Unübersichtlichkeit und Ungewissheit bewährt? Drei Wege haben sich als besonders wichtig herauskristallisiert und seien hier benannt:

Erstens war es wichtig, Klarheit zu schaffen und damit Orientierung zu geben. Dazu gehörte die Klarheit der Analyse: Was ist eigentlich los? Was wissen wir und was wissen wir nicht? Wie kann Handlungsfähigkeit gewährleistet werden? Und was sind die nächsten Schritte? Weiters war die Klarheit in den Strukturen und Zuständigkeiten von zentraler Bedeutung: Es brauchte eine Plattform für die Bewältigung der

Krise. Dies war der Krisenstab, der mit allen wesentlichen Verantwortungsträgern im Krankenhaus besetzt war. Diese Plattform wurde im Auftrag der Geschäftsführung vom Ärztlichen Direktor koordiniert und geleitet. Das Virus ist eine medizinische Herausforderung. Die Tagesordnung der immer an Dienstagen und Freitagen zur gleichen Uhrzeit stattfindenden Sitzung war immer gleich. Die Klarheit der Entscheidungen und der Umsetzung wurde durch die Klarheit in der Kommunikation gewährleistet: Was wurde entschieden und was wird wann umgesetzt? Was machen wir nicht oder nicht mehr? Was sind die wesentlichen Regeln und Kernprozesse, an denen sich die Mitarbeitenden orientieren können? Wie und wann werden die handlungsleitenden Informationen kommuniziert? Es gab einen Newsletter an alle Mitarbeitenden jeweils nach den Sitzungen und ein sich ständig erweiterndes Virus-Handbuch, auf das die Mitarbeitenden über das Intranet zugreifen konnten.

In der Krise kann zweitens nur physische und geistige Präsenz der Führungskraft Wirkung entfalten. Eine Führungskraft muss gerade in einer Krisensituation für die Mitarbeitenden physisch wahrnehmbar sein. Der Kapitän ist bei hoher See nie in der Kajüte. Physisch präsent zu sein heißt auch, vor Ort ansprechbar und befragbar zu sein. Physische Präsenz ist aber wertlos, wenn keine geistige Präsenz vorhanden ist. Das heißt, dass die Führungskraft sich mit der Situation intensiv analytisch und synthetisch befasst haben muss und dies in ihren hoffentlich seltenen, aber gediegenen Wortmeldungen wahrnehmbar ist. Das ist das Geheimnis der von den Mitarbeitenden wahrgenommenen Aufmerksamkeit des Chefs oder der Chefin: physische und geistige Präsenz. Das gibt Sicherheit und stärkt das Vertrauen in die Kompetenz des

Vorgesetzten, schwierige Situationen erfolgreich bewältigen zu können.

Drittens: Ruhe und gelebte Souveränität im Führungsalltag waren von großer Bedeutung. Wirksames Führen und Leiten ist ohne spürbare eigene innere Ruhe und Souveränität nicht einmal bedingt möglich. Panikmache ist eskalativ und führt zu Chaos in der Organisation. Herunterspielen oder unbegründetes Verharmlosen verhindern realitätsbezogenes Handeln und echte Antworten auf herausfordernde Situationen. Resiliente Führungskräfte sind Menschen, die fähig sind, Unsicherheit und mehrdeutige Situationen auszuhalten und dabei ruhig zu bleiben.

Klarheit schaffen und Orientierung geben in Struktur, Analyse und Kommunikation, physische und geistige Präsenz der Führungskraft und ein auf innerer Ruhe basierendes souveränes Führungshandeln haben sich in den Situationen und Phasen der Unübersichtlichkeit und der Ungewissheit in der Anfangszeit der Covid-19-Krise gut bewährt.

Lieber Clemens, Du hast das schöne Defereggental in Osttirol erwähnt. Dieses Tal verbindet uns, verbringe ich doch schon seit über dreißig Jahren dort meinen Urlaub. Osttirol gilt mit mehr als sechzig Dreitausendern als das Tibet Österreichs. Einige davon durfte ich schon besteigen. Dabei habe ich viel gelernt – nicht nur, aber auch für mein Führungsverständnis. Zwei Hinweise meines Bergführers haben sich mir besonders eingeprägt: „Der Berg fordert Deine Präsenz." Und: „Entscheidend ist immer nur die Qualität des nächsten Schrittes." Diese Sätze zu leben, ist jeder Führungskraft anzuraten und fassen das oben Gesagte gut zusammen. Gut gesetzte nächste Schritte stärken das Vertrauen. Gute Führungskräfte helfen ihren Mitarbeitenden auch dabei, sich selbst zu vertrauen.

Covid 19 als besondere Herausforderung für Führungsverhalten hat das Substanzielle guten Führens deutlich ans Licht gebracht und das unwesentliche Rundherum in den Schatten gestellt. Gutes Führen braucht Weniges. Die vorhin benannten Haltungen und Handlungen gehören zum Wesenskern wirksamen Führens. Nicht nur in Krisenzeiten. Krisenzeiten machen nur deutlich, was das Gute und Bewährte immer ist.

Lieber Clemens, Du hast in Deinem Brief auch die Frage gestellt, was aus meiner Sicht das Warum eines Krankenhauses sei. Denn das Wissen um das Warum sei auch im Führen auf ein Ziel hin das Entscheidende. Das Warum eines Krankenhauses besteht darin, für Menschen verlässlich da zu sein: 24 Stunden am Tag, 365 Tage im Jahr – also immer. Im Krankenhaus ist immer jemand da. Im Krankenhaus brennt immer Licht. Menschen sind für Menschen da – in physischen und psychischen Leiden, in Schmerzen und in Einsamkeit. Auch im Krankenhaus können Menschen tiefe Einsamkeit durchleben. Sie werden aber nicht allein gelassen. Spirituell und aus der Sicht eines Ordenskrankenhauses sind Krankenhäuser Orte der Präsenz von Güte und Barmherzigkeit. Sie symbolisieren aus der Sicht des Glaubens die Immerantreffbarkeit Gottes. Im Psalm 121 heißt es: „Nein, der Hüter Israels schläft und schlummert nicht. Der Herr ist Dein Hüter, der Herr gibt Dir Schatten, er steht Dir zur Seite." Im Krankenhaus sind Menschen für Menschen Hüter in hilfreicher Präsenz.

Kann gutes Führen manchmal auch darin bestehen, etwas – eine Organisation, ein Werk, einen Orden – an sein Ende zu führen und zu beenden? Ja, es könnte auch das sein. Aber niemand, der in einer Tradition steht, die lange währt, sollte hier zu rasch zum Schluss kommen, etwas sei zu beenden. Mir ist es sympathischer, zu transformieren, hinzuhorchen auf den Ursprungsimpuls und die Berufung einer Organisation oder einer Institution, um dann die Frage zu stellen, wie diese heute umgesetzt und gelebt werden können. Die Schwestern der Elisabethinen in Graz haben auch, wie viele Orden heute, Nachwuchssorgen, aber sie haben sich anlässlich des 325. Jahrestages ihrer Gründung unverdrossen gefragt, was die Hl. Elisabeth von Thüringen heute tun würde – wo sie heute hinschauen würde. „Schau hin und handle!" – das ist das Motto der Elisabethinen in Graz. Sie horchten in ihre Berufung hinein und gründeten guten Mutes ein Sterbehospiz für Obdachlose. Sie wussten nicht, dass es das erste dieser Art in Europa war. Nicht wenige obdachlose Menschen konnten seither gut begleitet und weitestgehend schmerzfrei von dieser Welt gehen – umgeben von lieben Menschen. Igor, ein Obdachloser, feierte im Hospiz seinen 45. Geburtstag. Es war das erste Geburtstagsfest seines Lebens, und das im Angesicht seines nahenden Todes. Noch nie durfte er die Erfahrung machen, dass jemand für ihn ein Fest ausrichtet. Gut, dass es die Elisabethinen gibt. Am Ende kann der Anfang helfen. Gute Führungskräfte suchen freundlichen Kontakt zum Anfang. Der Anfang schmeckt nach Zukunft – auch morgen noch.

Danke!
Herzliche Grüße
Christian

II.
ORGANISATION

1. DIE ANSTÄNDIGE ORGANISATION

LIEBER CHRISTIAN!

nun sind wir seit dem 24. Februar 2022 in einer ganz anderen Situation. Seit der russischen Invasion und dem Krieg in der Ukraine denken wir wohl auch über Führen anders nach, wenn man auf den russischen Präsidenten und den ukrainischen Präsidenten blickt. Ersterer führt sein Land, wohl auch aufgrund von verletztem Stolz und einer Verkennung von Realitäten in den Abgrund einer Außenseiterrolle, letzterer hat die internationale Bühne auf unvorhersehbare Weise betreten und führt durch Präsenz. Wolodymyr Selenskyj zeigt das, was Du in Deinem letzten Brief als Eckpfeiler von gutem Krisenmanagement benannt hast: Klarheit, wahrnehmbare Präsenz, Ruhe. In der Krise offenbart sich vieles, auch Charakter und Integrität.

Diesen Brief schreibe ich, während in Europa Krieg herrscht. Unsere Themen haben dadurch an Gewicht gewonnen. Wir haben uns bislang in einigen Briefen (16, um genau zu sein) über „Führen und Begleiten" unterhalten; wir haben uns ausgetauscht über die Themen „Selbstführung", „Zuhören", „Begleiten" und die Anstrengung, jemanden an ein Ziel zu führen.

In Deinem letzten Brief hast Du von der Pandemie gesprochen, die uns in eine Wüste geführt hat. Hier ist das angeführte Stichwort „Präsentsein" gefallen. Auch die Berge, wie wir sie aus dem Defereggental kennen, fordern Präsenz, ebenso wie die Qualität des nächsten Schritts. Das klingt einfach. Gutes Führen braucht Weniges, wie Du schreibst. Mit einem Rucksack voller Techniken und Strategien kann man den hohen Berg vielleicht gar nicht so gut erklimmen. Und wenn der Berg zu hoch und fordernd scheint, wenn die Wüste zu lang und bitter wird, mag sich die reale Frage stellen, ein Unternehmen zu einem Ende zu bringen – wobei jedes Ende auch ein Anfang ist. Kennst Du das schöne Buch *Das Ende ist mein Anfang*? Es beschreibt ein Gespräch zwischen Folco Terzani mit seinem sterbenden Vater Tiziano. Sie sprechen über Leben und Tod, Gott und die Welt, Krankheit und Reisen. Diese Gespräche bekommen angesichts des bevorstehenden Endes von Tiziano Terzanis Leben ein besonderes Gewicht, eine besondere Richtung und eine besondere Dringlichkeit. Ein Ende ist stets auch ein Anfang. Das hast Du sehr berührend anhand Deiner Schilderung der Situation der Elisabethinen in Graz und der neuen, frischen Mission, die sich in der Einrichtung eines Obdachlosenhospizes widerspiegelt, gezeigt. Das Ende der Sicherheitsordnung der Welt wird auch ein neuer Anfang sein.

Und damit möchte ich zu einem führungsethischen Thema kommen, das über die einzelne Person hinausgeht. Ich will den Blick auf den Rahmen lenken, in dem unser Tun stattfindet. Menschen führen Menschen. Und das tun sie in der Regel innerhalb einer bestimmten Struktur, in einer Familie, in einem Unternehmen, in einer Organisation. Führungsarbeit in einer Schule mag sich von Führungsarbeit in einem Krankenhaus oder Führungsarbeit in einer Kaserne unterscheiden, aber Führungsarbeit ist es allemal.

Du bist Geschäftsführer eines Krankenhauses und derzeit auch Sprecher der österreichischen Ordensspitäler, des größten Krankenhausträgers Österreichs. Da bewegst Du Dich in

Institutionen, für die Du Verantwortung trägst. Eine wichtige Aufgabe in der Führungsarbeit ist das Bauen an guten Institutionen, an guten Krankenhäusern, guten Schulen, guten Kasernen, guten Unternehmen.

Ich muss gestehen, mir gefällt der Begriff „happy hospital". Hinter dem Begriff steht die Idee, dass sich die handelnden Personen in einem Krankenhaus wohlfühlen, dass hier mit „Wohl-Wollen" und Kompetenz gehandelt und jene Präsenz gezeigt wird, die die Zeit in einem Krankenhaus auch als gelebtes Heute erleben lässt – nicht nur als beschwerlichen Übergang. Die Mitarbeiterinnen und Mitarbeiter sind gern im Dienst und warten nicht nur sehnsüchtig auf Dienstschluss, die Patientinnen und Patienten drücken nicht auf die Pausetaste des Lebens, sondern können Ja zu vielen Aspekten ihres Lebens sagen, auch im Krankenhaus.

Für negative Schlagzeilen hat im Jahr 2012 ein Krankenhaus in England gesorgt, das Mid Staffordshire Krankenhaus. Die Geschichte ist traurig: In den Jahren 2005 bis 2009 zeigte sich im Mid Staffordshire Krankenhaus ein massiver Anstieg der Patient/inn/en-Sterblichkeit. Zusätzlich häuften sich Beschwerden über Missstände. Die Beschwerden bezogen sich auf Pflegestandards, aber auch auf elementare Aspekte wie Wasser- und Nahrungsversorgung. In diesem Zeitraum sind etwa 1.200 Menschen unnötigerweise in diesem Krankenhaus gestorben („excess deaths"). Der Skandal wurde in einem offiziellen Bericht, dem *Francis Report*, untersucht. Der Bericht ist erschütternd und berichtet von grober Vernachlässigung von Patientinnen und Patienten. Wir erfahren von pflegebedürftigen Menschen, die nicht gereinigt wurden oder keinen Zugriff auf Wasser hatten. Das Personal wusste um die Missstände, stumpfte aber zusehends ab. Als Hauptgrund für diese elende

Entwicklung wurde ein „managerial ethos" genannt, eingeführt von der Krankenhausverwaltung, die um jeden Preis bestimmte Kennziffern erreichen wollte. Das Wohl der Patientinnen und Patienten wurde Managementzielen untergeordnet. Soweit, so unglücklich.

Aus Sicht der Institutionenethik stellt sich hier die Frage nach den Anreizsystemen – ein Aspekt, der äußerst aufschlussreich ist: Welche Verhaltensweisen werden motiviert? Wofür wird eine handelnde Person belohnt? Oder auch: Was sind die Ziele, was sind die Mittel?

Diese Frage nach der Unterscheidung von Mitteln und Zielen ist eine Grundfrage der Führung; wir haben sie schon im Zusammenhang mit den Gedanken darüber, wie man jemanden an ein Ziel führt, angesprochen. Papst Franziskus beklagt in seiner Enzyklika *Laudato si'*: „Wir haben allzu viele Mittel für einige dürftige und magere Ziele." (S. 203) Und Ignatius von Loyola warnt in seinen *Geistlichen Übungen* (S. 169) davor, Mittel und Ende zu verwechseln: Was immer ich erwähle, muss derart beschaffen sein, „dass es mir für das Ziel hilft, für das ich geschaffen bin, indem ich nicht das Ziel auf das Mittel hinordne und -ziehe, sondern das Mittel auf das Ziel." Die Frage nach den großen Zielen zu stellen, ist Teil echter Führungsverantwortung. Was sind Mittel, was sind Zwecke und Ziele? Um ein Beispiel zu nennen: Die Zufriedenheit der Studierenden ist nicht ein Mittel, um im Universitätsranking weiter nach vorne zu kommen, sondern hat einen anderen Status. Oder: Das Wohl der Patientinnen und Patienten ist nicht ein Mittel, um durch bessere Reputation größere Umsätze erzielen zu können. Es hat einen anderen Status.

Die Verwechslung von Mitteln und Zielen kann zu „unglücklichen Institutionen" führen. Da will ich noch an einen anderen Begriff erinnern, an die Idee einer „anständigen Institution". Mir gefällt dieser Begriff. Es ist Ausdruck von Führungsethik, an anständigen Institutionen bauen zu wollen.

Was ist eine anständige Institution? Ein von mir hoch geschätzter israelischer Philosoph, Avishai Margalit, gibt in seinem Buch *Politik der Würde* folgende Antwort: Eine anständige Institution ist eine solche, die Menschen nicht demütigt.

Das klingt ganz einfach. Anständige Institutionen demütigen Menschen nicht. Ein Mensch wird gedemütigt, wenn er einen Grund hat, sich in seiner Selbstachtung verletzt zu sehen. Selbstachtung ist jene Achtung, die ich mir aufgrund meines Menschseins schulde.

Ein Mensch wird damit gedemütigt, wenn er nicht als Mitglied der Menschheitsfamilie behandelt wird, wenn er behandelt wird, als wäre er ein Ding oder wenn er gar nicht wahrgenommen wird.

Damit kristallisiert sich folgende Frage als Schlüsselfrage für die Institutionenethik heraus: Gibt es Eintrittsstellen für Demütigung in einer Institution?

Diese Frage ist in einem Krankenhaus, wo wir es mit Aspekten von körperlicher Scham zu tun haben, sehr plausibel. Visiten können demütigende Erfahrungen sein, wenn ein Mensch wie ein Stück Fleisch behandelt wird. Eine Patientin hat mir einmal gesagt, dass es für sie demütigend ist, in einem Mehrbettzimmer eine nichtschalldichte Nasszelle benutzen zu müssen.

Ich stelle die Frage auch regelmäßig an der Universität: Gibt es Eintrittsstellen für Demütigung? Da fällt den Studierenden durchaus etwas ein – manchmal werden Studierende, die etwas nicht wissen, öffentlich bloßgestellt; es gibt Lehrveranstaltungen, in denen Studierende nicht ohne Punkteverlust die Toilette aufsuchen können. Es gibt offenen und subtilen Rassismus. In den USA ist unter Studierenden die Semesterferienwoche im letzten Studienjahr („spring break") ein großes Thema. Da ist es üblich, zumindest nach Mexiko zu fahren und eine Woche Strand zu genießen. Für Studierende, die sich das nicht leisten können, können Gespräche über „spring break plans" demütigend sein – ebenso wie Aktivitäten, die Zusatzkosten mit sich bringen (etwa ein Auslandssemester, ein Wochenendtrip oder ein Konzertbesuch). Oftmals hat die subjektive Erfahrung von Demütigung mit Gedankenlosigkeit zu tun. In hierarchisch gegliederten Beziehungen glaubt die Person „oben" sehr schnell, die Person „unten" zu respektieren, wobei diese das gar nicht empfinden muss.

Aus der Armutsforschung wissen wir, wie viele Menschen, die von Armut betroffen sind, Behördengänge und die Behandlung durch Beamtinnen und Beamte als demütigend empfinden. Wir können uns beide vorstellen, wie vielen Demütigungen bettelnde oder wohnungslose Menschen ausgesetzt sind. Das Hospiz für Wohnungslose ist ein starkes Signal, eine gute institutionelle Antwort auf fragile Lebenslagen zu geben.

Lieber Christian, ich weiß, dass Du sehr bemüht bist, anständige Institutionen zu bauen. Wie verhält es sich Deines Erachtens mit Eintrittsstellen für Demütigung in den Institutionen, die Du überblickst? Und was sind gute Antworten darauf? Was kann Führungsarbeit hier leisten?

Ich freue mich auf Deine Antwort.

Herzlich grüßt Dich

Clemens

LIEBER CLEMENS!

Danke für Deinen Brief. Ja, es sind besonders herausfordernde Zeiten, die wir global durchschreiten. Du hast es benannt: Ukrainekrieg, die spürbaren Auswirkungen der Klimakrise, Energiekrise, eine globale Pandemie und eine fortschreitende Veränderung der Machtverhältnisse und -ordnungen nach dem Zweiten Weltkrieg. Dies alles sind Herausforderungen für Menschen, die in Politik, Wirtschaft und Gesellschaft im Kleinen wie im Großen Führungsverantwortung übernommen haben. Auch hier ist gutes Führen mehr als notwendig.

Aber auch anderes: Als am 24. Februar der Ukrainekrieg begann, hat mich eine meiner Töchter angerufen und ihren Unmut darüber geäußert, dass nach der Corona-Pandemie jetzt auch noch dieser Krieg mit unabsehbaren Folgen für Europa und die gesamte Welt als Belastung ihrer persönlichen Zukunft gekommen ist. Sie stand damals kurz vor ihrem Studienabschluss und ihrem Berufseinstieg. Nach einem ersten Reflex, trösten zu wollen und Zuversicht zu vermitteln, dachte ich mir: Nein, und sagte liebevoll, aber sehr klar: „Willkommen in der Wirklichkeit. Freiheit, Wohlstand, Menschenrechte, Rechtsstaatlichkeit und Demokratie sind echt anstrengend. Sie müssen kontinuierlich erarbeitet, mehr noch: errungen werden. Das sind keine Tatsachen, die einfach wie Luft zum Einatmen da sind." Meine Tochter konnte meine verbale Reaktion gut nehmen und es entfaltete sich für uns beide ein wertvolles Gespräch. Es scheint mir wirklich nötig zu sein, dass die junge Generation erkennt, dass eine gute und lebbare Zukunft auch von ihren Anstrengungen abhängt. Eine friedliche und gerechte Gesellschaft ist nie und nirgends einfach nur konsumierbare Selbstverständlichkeit. Wie auch eine ungerechte und schlechte Gesellschaft nie nur verfügtes Schicksal ist.

Damit sind wir schon bei unserem Thema. Auch würdestärkende und anständige Organisationen, die Menschen nicht demütigen, sind keine Selbstverständlichkeit.

Lieber Clemens, Du hast in Deinem Brief von Organisation als einem Rahmen gesprochen, der auf die Begegnung von Menschen untereinander und auf die Selbstempfindung der Menschen gute oder schlechte Auswirkungen haben kann. Ich erachte die Qualität dieses Rahmens nicht nur für den Einzelnen und die Einzelne für bedeutsam, sondern halte sie für das gute Zusammenleben in einer Gesellschaft als Ganzes für hoch relevant. Menschen verbringen viel Lebenszeit als Arbeitszeit in Organisationen. Wie sie sich dort als Menschen in Würde und Eigenwirksamkeit wahrnehmen können, bestimmt sie auch in ihrem Fühlen, hat Auswirkungen auf ihre Laune und ihr Sozialverhalten. Das prägt auch ihr Sein und Mitsein in Bezug auf andere soziale Bereiche: Familie, Freunde, Vereine etc. So kann gesagt werden, dass es schon von hoher Relevanz für eine Gesamtgesellschaft ist, ob Organisationen die Erfahrung eigener Würde stärken und Eigenwirksamkeit ermöglichen oder eben nicht.

Auch Ordenseinrichtungen sind darin gefordert, nicht zu demütigen, sondern würdestärkende Organisationen zu sein. Das betrifft besonders die Ordenskrankenhäuser, bei denen es ja ausschließlich um Menschen geht, wo es um Menschen mit Krankheiten und allerlei Leiden geht. Menschen als Patientinnen und Patienten sind besonders fragil und sensitiv in Bezug auf den Umgang mit ihnen und den Umgang all jener, die sich um sie kümmern.

In den allermeisten Krankenhäusern gilt generell der Grundsatz „patient first": alles für die Patientin und den Patienten. Der Fokus aller Tätigkeiten ist auf das Wohl der Anvertrauten gerichtet. Das klingt überzeugend und ist einleuchtend. Wie spüren nun Menschen, dass dies nicht nur Worte sind? Sie merken das zum Beispiel daran, ob sie angeschaut und ihre Bedürfnisse wahrgenommen werden. Und wenn sie Wünsche äußern, ob darauf eingegangen wird, und wie mit Wünschen umgegangen wird, die nicht gleich erfüllt werden können. Menschen erfahren eigene Würde, wenn sie als Menschen wahrgenommen werden und wenn sie diskrete, zuwendende Aufmerksamkeit erfahren. Sie spüren es an der Qualität der Zuwendung. Es ist alles eine Frage der Aufmerksamkeit.

Bei Simon Weil habe ich einmal gelesen: „Aufmerksamkeit ist die seltenste und reinste Form der Großzügigkeit." Insofern könnte man sagen, dass Organisationen, die Würde stärken und Demütigung hintanhalten, großzügige Organisationen sind. Großzügig. Was für ein Wort. Orte, wo Menschen aufrechten Ganges gehen dürfen, nicht gebeugt; Orte, wo Menschen wachsen können, indem ihr Beitrag zu Bewältigung einer Aufgabe oder eines Werkes gewürdigt wird; Orte, wo Menschen zu Größeren hingezogen werden. In solchen Organisationen müssten eigentlich Lebensfreude und Leistungswille herrschen und bestimmend sein. Die Transformation einer Organisation in einen großzügigen Rahmen, in dem Menschen gut interagieren und wirken können, – das ist die Kunst. Und wo der Rahmen schon großzügig ist, dort sollte dieser gepflegt werden, damit das Begegnen auf Augenhöhe und mit Wertschätzung lebendig bleibt und sich noch mehr entfalten kann.

Um Augenhöhe geht es auch im Krankenhaus. Nicht nur um die Augenhöhe zwischen den Patientinnen und Patienten und dem ärztlichen und pflegerischen Personal, sondern auch um die Augenhöhe zwischen den verschiedenen Berufsgruppen. Natürlich braucht es im Krankenhaus aus ablauforganisatorischen Gründen und Gründen der Kompetenz eine hierarchische Ordnung. Es geht um Zuständigkeitskompetenz und Fähigkeitskompetenz. Aber gute Medizin und Pflege funktionieren heute nur mehr als Teamleistung gut. Und da ist im Miteinander der Berufsgruppen Augenhöhe gefragt. Mein Hinweis, dass Patientinnen und Patienten auch in Hinblick auf ihr soziales Umfeld sehr sensitiv sind, bezieht sich selbstredend auch auf die Wahrnehmung, wie das Personal miteinander umgeht. Auch das bestimmt die Atmosphäre in einem Haus und prägt die Wahrnehmung, ob in einer Organisation glaubhaft Würde gestärkt und Demütigung vermieden werden.

Lieber Clemens, woher kommt es, dass manche Unternehmen und Organisationen im obigen Sinne anständig sind und manche nicht? Meine Erfahrung ist, dass dies ganz stark rückgebunden ist an das Gründungsgeschehen einer Organisation und ihre Gründergestalten. Wie haben diese die Organisation gewollt? Insofern scheint mir Anständigkeit schon im Gründungsakt einer Organisation angelegt zu sein, gleichsam wie ein genetischer Code. Anständigkeit, Vermeidung von Demütigung und Stärkung von Würde werden in einer Organisation nur wirksam, wenn Menschen das im Miteinander glaubwürdig leben und einander Vorbild sind. So könnte

durch das Nachleben und -ahmen der glaubwürdigen Gründergestalt eine Sukzession von Nachahmerinnen und Nachahmern entstehen, die das lebendig halten. Im Krankenhaus der Elisabethinen kommt dieser Impuls ganz stark von den Ordensfrauen, die im Haus mitarbeiten. Sie leben aus ihrer Berufung heraus, Menschen aus Liebe zu begegnen, Kranken aus Liebe zu helfen. Im christlichen Glauben wird Gott als Liebe bekannt. Gott ist die Liebe (1 Joh 4)! Krankendienst ist für die Schwestern Gottesdienst. Das ist ein ganz starker Motivator für ihr Handeln. Darin sind sie glaubwürdiges Vorbild im Umgang mit Menschen, Vorbild für die Mitarbeitenden. Irgendwann fand diese Haltung Eingang in ein verschriftlichtes Leitbild, das den Mitarbeitenden Orientierung für Ihr Handeln geben soll. Schriftlichkeit ist gut, aber Leben ist besser. Lieber Clemens, wie können Würdestärkung und Vermeidung von Demütigung in Organisationen nachhaltig gestärkt werden, wenn zum Beispiel wie bei uns Schwestern als Vorbilder quantitativ weniger werden oder glaubwürdige und langjährige Mitarbeitende in Pension gehen; oder generell ein Generationenwechsel stattfindet, mit Menschen, die in anderen Wertekontexten sozialisiert wurden? Wie siehst Du das?
Dankbar
Dein Christian

LIEBER CHRISTIAN,

Aufmerksamkeit und Großzügigkeit als zwei Pfeiler einer anständigen Institution zu benennen, ist wirklich inspirierend. Die Großzügigkeit ist eine Haltung, die auch bei knappen Ressourcen eingebracht werden kann, in dem Sinne, dass die Dankbarkeit für das, was vorhanden ist, größer ist als die Frustration darüber, dass es mehr sein könnte. Großzügigkeit kann man auch in der Art und Weise zeigen, wie Regeln konzipiert und ausgelegt werden. Ein zu dichtes Netz an Regeln erzeugt eine Enge, die in einen „Zutrauensgeiz" führt. Es bedarf auch einer gewissen Großzügigkeit, Menschen einen Spielraum einzuräumen, wenn sie ihre Aufgaben erledigen, sollen sie doch auch nach Möglichkeit bestimmen dürfen, wie sie ihre Verantwortung wahrnehmen. Freiheit mit Blick auf die Gestaltung des eigenen Arbeitsalltags ist ein hohes Gut, das in einer Institution mit einer Grundhaltung von Großzügigkeit zuerkannt wird.

Großzügigkeit ist eine vertrauensvolle Haltung, die ausdrückt, dass „Fülle" wirkt und gilt; sie ist eine Einstellung, nicht aus einem Minimum heraus zu leben und zu geben, und kann auch mit der Fülle der Gnade Gottes in Zusammenhang gebracht werden. Marguerite La Caze hat mit *Wonder and Generosity: Their Role in Ethics and Politics* ein Buch über die Bedeutung von Großzügigkeit in Ethik und Politik geschrieben. Sie bringt dabei Großzügigkeit mit dem Staunen in Verbindung, das Differenz anerkennt.

Es ist mühsam, kleinliche Vorgesetzte zu haben, die von fixen Vorstellungen, wie Dinge zu sein und Menschen sich zu verhalten haben, ausgehen. Kleinlichkeit ist ein Mangel an Vorstellungskraft, ein Mangel an innerer Weite. Großzügigkeit ist damit auch eine Haltung, die ruhig bleiben lässt angesichts von Entwicklungen, die in eine andere Richtung gehen als gedacht oder geplant. Ich beeile mich zu betonen, dass Großzügigkeit weder in Verantwortungslosigkeit („carelessness") noch Schlamperei kippen darf. Gleichzeitig bedarf es Menschen, die eine gewisse Leichtigkeit in eine Institution bringen, die nicht den Blick auf das verlieren, was der eigentliche Grundauftrag der Institution ist. Es bringt eine gewisse Leichtigkeit in einen Klassenraum, wenn man den Notendruck herunterfährt. Es bringt eine gewisse Leichtigkeit in eine Behörde, wenn die Beamtin Humor zeigt. Es bringt eine gewisse Leichtigkeit in eine Institution, wenn Ausnahmen von Regeln gemacht werden, wenn keine „hysterische Moral" betrieben wird, die aus jeder Abweichung ein Drama macht.

Den zweiten Pfeiler, den Du für anständige Institutionen benannt hast, ist Aufmerksamkeit oder auch: Anerkennung. Aufmerksamkeit braucht Zeit, lässt sich nicht hineinquetschen in einen verdichteten und eng getakteten Alltag. Auch das hat mit der Großzügigkeit zu tun, das Regelwerk und das Netz von Erwartungen etwas lockerer zu gestalten. Die von Dir erwähnte Simone Weil hat das zögernde Warten auf einer Schwelle als Bild für Aufmerksamkeit verwendet. Das braucht Zeit. Nichts bringt Menschen näher als Augenkontakt. Du hast vielleicht von dem Versuch gehört, zwei Menschen einzuladen, sie einander gegenüberzusetzen und einander vier Minuten lang in die Augen schauen zu lassen. Das wurde mit deutschen Staatsbürger/inne/n und Flüchtlingen in Deutschland gemacht – da sehen sich eine polnische Frau und ein syrischer Mann vier Minuten unentwegt an; da blickt ein junger deutscher Mann in die Augen eines Mannes aus Afghanistan; da sehen wir den Augenkontakt zwischen einem polnischen und einem deutschen Mädchen. Aufmerksamkeit ist machtvoll. Rowan Williams, der frühere Erzbischof von Canterbury, hat das einmal so ausgedrückt: „I'm a person because I am spoken to, I'm attended to, and I'm spoken and attended and loved into actual existence."

Aufmerksamkeit ist Daseinsvergewisserung, gibt Lebenssicherheit. Dies ist gerade in Institutionen entscheidend, die mit Menschen umgehen, deren Wirkkreis und Handlungshorizont reduziert sind – die Patient/inn/en im Krankenhaus, die Bewohner/innen eines Pflegeheims. Hilde Domin hat in ihrem Gedicht *Es gibt dich* geschrieben:

Dein Ort ist
wo Augen dich ansehen.
Wo sich Augen treffen
entstehst du.

Aufmerksamkeit ist eine Form von Anerkennung. Diese Anerkennung fehlt gerade bei jenen Berufsgruppen, die weniger Prestige und weniger Macht haben, allgemein wenig Anerkennung erfahren und schlecht bezahlt sind. Wir haben im Rahmen eines Projekts 40 Interviews mit Reinigungskräften und Hausmeistern geführt und das Ergebnis war doch recht ernüchternd: Erfahrungen von Demütigung, Stress und Druck durch strenge Kontrollen von Vorgesetzten, die Erfahrungen von Unsichtbarkeit (mitunter durchaus wörtlich gemeint, weil die Reinigungsarbeit oftmals vor Beginn des Büroalltags abgeschlossen sein muss), der Mangel an Anerkennung und die Botschaft, austauschbar zu sein, wurden oft genannt.

So kann ich Deiner Idee, Großzügigkeit und Aufmerksamkeit als zwei Eckpfeiler einer anständigen Institution zu betrachten, viel abgewinnen.

Zuletzt hast Du den Gründungsgedanken ins Spiel gebracht, den Gedanken, dass die Kultur einer Institution durch den Gründungsgedanken geprägt wird, der gelebt und nachgeahmt wird, eingeübt und wieder belebt wird: „Schriftlichkeit ist gut, aber Leben ist besser." Auch diesem Gedanken kann ich viel abgewinnen. Eine anständige Institution baut man nicht durch Verordnungen und Regelwerke, sondern durch den rechten Geist. Mich erinnert das an die Geschichte der Mayo Clinic in Minnesota. Nach einem verheerenden Tornado im August 1883 wurde der Arzt William Mayo von Mutter Alfred Moes von den Franziskanerschwestern gebeten, ein Krankenhaus zu leiten, in dem die Ordensschwestern Krankenschwestern anstellen wollten. Von Anfang an wurde die mittlerweile weltberühmte Mayo Clinic auf zwei Prinzipien aufgebaut: Das Wohl der Patientin und des Patienten hat oberste Priorität. Und: Kultur der Zusammenarbeit. Ersteres („Primat des Patientenwohls") zeigte sich etwa darin, dass die Anreizstrukturen sorgsam bedacht wurden – eine Ärztin oder ein Arzt bekommt nicht mehr Geld, wenn mehr Operationen durchgeführt werden; jedem Patienten und jeder Patientin ist Zeit zu schenken. Letzteres („Kultur der Zusammenarbeit") zeigte sich bereits in der Kooperation zwischen William Mayo und seiner Frau Louise Abigail, die die Verwaltungsagenden übernahm, zeigte sich ebenso in der Zusammenarbeit zwischen Ärzten und Schwestern, da auch die Ärzte (William Mayos Söhne Charles und William) Pflegedienste übernahmen. Der gelebte Gründungsgedanke prägt die Institution Mayo Clinic bis heute.

Damit das gelingen kann, braucht es Menschen, die die Demut (und Aufmerksamkeit) haben, auf den Grundgedanken zu hören. Erneuerung hat tatsächlich sehr viel damit zu tun, behutsam zurück zu den Ursprüngen zu gehen („ad fontes") und auf das Charisma zu achten, auf das „Warum" und auf das „Wie", das über das „Was" hinausgeht.

Ich wurde einmal bei einer Veranstaltung von einem Unternehmer gefragt: „Wie kann ich Ethik in mein Unternehmen bringen?" Als ob es sich um eine Lieferung von Glasplatten oder Kupfer handeln würde. Ich sagte vorsichtig: Wenn Sie Menschen haben, die selbstverständlich tagein und tagaus Ethik im Alltag leben, dann haben Sie Ethik im Unternehmen. Sonst nicht. Verordnungen werden es nicht erreichen. Schriftlichkeit ist gut, das Leben ist besser. Dann ist die „Anständigkeit" der Institution so tief verankert, dass sie auch unter widrigen Umständen sichtbar und leitend bleiben kann. Die Katholische Ukrainische Universität in Lemberg beispielsweise funktioniert seit der russischen Invasion immer noch als Universität mit Lehrveranstaltungen und Forschungsprojekten, unterstützt aber auch Flüchtlinge, organisiert Freiwilligenengagement der Studierenden und begleitet bei Luftalarm die Gemeinschaft schwer behinderter Menschen, die auf dem Campus leben. Sie machen das in jenem Geist, den sie sonst auch zeigen – beeindruckend, was hier an Resilienz gezeigt wird.

So danke ich Dir für Deine Anregungen. Ich schließe mit einer Frage: Wie kann eine Institution, die unter Druck steht (etwa durch Kostenexplosionen und Mittelkürzungen) anständig bleiben? Kann ein Punkt erreicht werden, wo es schlichtweg nicht mehr möglich ist, anständig zu sein?

Danke! Herzliche Grüße

Clemens

LIEBER CLEMENS!

Danke für Deinen Brief und die anregenden Gedanken zu den Themen Großzügigkeit und Aufmerksamkeit. In alledem ist das gelebte Leben entscheidend, von dem im besten Fall das für das Selbstverständnis einer Organisation schriftlich Festgehaltene (Leitbild etc.) eine Dokumentation ist.

Du schreibst, dass Großzügigkeit nicht zu einem „Laissez-faire-Stil" und einer schlampigen Arbeitshaltung führen darf. Auch in diesem Fall hängt viel an guten Führungskräften und daran, mit welchen Menschen sich Führungskräfte in den verschiedenen Aufgabenbereichen umgeben. In einer in einem Podcast dargelegten Analyse über das Wirken von Bundeskanzler Bruno Kreisky wurde als eine seiner großen Stärken als Führungsperson hervorgehoben, dass er sich immer mit guten Leuten umgeben hätte. Mit Menschen, die in gewissen Bereichen qualifizierter, besser und gescheiter waren als er selbst. Führungskräfte, die sich mit guten Leuten umgeben, haben das Wohl und das Wachstum ihres Unternehmens mehr im Blick, als die Sorge um die eigene Stellung. Sie fürchten nicht interne Konkurrenz, sondern fühlen sich von der Exzellenz und den Fähigkeiten ihrer Mitarbeitenden angespornt, auch an sich selbst zu arbeiten und „on the move" zu bleiben. Wie fad ist doch ein Arbeitsklima, in dem es keine Anregungen und keine nachahmenswerten Vorbilder mehr gibt. Auf Dauer kann eine Organisation wohl nur dann lebendig bleiben, wenn es immer wieder gute Leute gibt, die sich gegenseitig zu Qualität in der Arbeit motivieren. Bruno Kreisky hatte keine Fadesse.

Eine anständige Organisation wächst und wird stark mit guten Leuten. Gute Leute sind Mitarbeitende, die bereit sind, ihr Bestes zu geben. Damit entsteht im Unternehmen ein Klima des Zupackens und der Leistungsbereitschaft. Ulrich Santner, einer der Gründungsväter der weltweit tätigen Firma Anton Paar, hat einmal in einem Gespräch gemeint, dass sein Motto immer gewesen sei: „Wir geben unser Bestes. Am Ende werden wir dann sehen, ob es gut genug war." Wenn Führungskräfte diese Haltung vorleben, wird in der Organisation ein guter Geist – auch des Fleißes – bestimmend sein. Vielleicht erkennt man anständige Organisationen auch daran, dass in ihnen ein Klima herrscht, in denen Menschen gern fleißig sind und mit Überzeugung ihr Bestes geben.

Lieber Clemens, irgendwie habe ich die Inspiration, dass in lebendigen und anständigen Organisationen Menschen gern arbeiten. Sie sehen die Arbeit als integralen Teil ihres Lebens. Der Begriff Work-Life-Balance findet dabei eine Relativierung, weil es letztlich um eine Life-Balance geht, in der Arbeit einen wichtigen Anteil hat. Wenn Menschen ihre Arbeit nicht als Störfaktor ihres Lebens, sondern neben allen anderen Aspekten von Arbeit sogar als Bereicherung erfahren, muss das wohl auch mit den Rahmenbedingungen einer Organisation zusammenhängen. In einem Arbeitsklima, in dem Menschen mit ihrer ganzen Persönlichkeit wirken können und sich nicht gezwungenermaßen verstellen müssen, wird vermutlich mehr Verbundenheit und Zufriedenheit herrschen als anderswo. Menschen hingegen, die sich eingeschränkt fühlen, werden sich irgendwann gar nicht mehr wohlfühlen und den Ort verlassen, an dem sie nicht mit ihrer Identität agieren dürfen.

In solchen Unternehmen darf auch Platz sein für die Wunden und Nöte der Mitarbeitenden. Der Arbeitsplatz ist ja der Ort, an dem viel Zeit verbracht wird und an dem für manche Menschen oft das einzig verlässliche, kontinuierliche soziale Netzwerk besteht. So ist es nicht selten, dass Mitarbeitende ihren Kolleginnen und Kollegen in diversen Nöten mit Rat und Tat solidarisch auch in privaten Schwierigkeiten zur Seite stehen. Wenn dieses solidarische Zueinanderstehen auch noch von der Unternehmensführung gefördert wird, kann die eigene Organisation auch als fürsorgende Organisation erfahren werden. Diese wertschätzende Form des Umgangs mit Mitarbeitenden ist sowohl für gemeinnützige als auch für gewinnorientierte Organisationen gut realisierbar. Das Grazer Unternehmen Saubermacher hat auf Anregung des Eigentümers Hans Roth einen innerbetrieblichen Verein mit dem Namen helping hands eingerichtet, mit dem Ziel Mitarbeitenden in Not konkret und unbürokratisch zu helfen. Dieser Verein wurde von der Unternehmensfamilie finanziell mit einer Grundsumme ausgestattet. Seither zahlen die Mitarbeitenden freiwillig Beträge in unterschiedlichen und ihnen möglichen Höhen ein. Der Verein hilft Mitarbeitenden bei finanziellen und existenziellen Notlagen. Es werden z.B. psychologische und juristische Beratungsleistungen in privaten Angelegenheiten finanziert, wenn der oder die Mitarbeitende sich das nicht leisten kann. Das ist ein schönes Beispiel für ein anständiges Unternehmen, das in der solidarischen Fürsorge seine beste Seite zeigt. Solche Unternehmen dürfen ihrerseits auf die Treue und Loyalität ihrer Mitarbeitenden bauen.

Lieber Clemens, Du hast in Deinem Brief die Frage aufgeworfen, ob sich ein Unternehmen, das in die Krise gerät, sich noch Anständigkeit leisten kann. Anständigkeit ist meines

Erachtens keine Schönwetter-Tugend. Anständigkeit findet in der Krise ihre nobelste Bewährung. Wenn es eng wird und sich eine Krisensituation des Unternehmens als Ganzes abzeichnet, ist die transparente und ehrlich-klare Kommunikation den Mitarbeitenden gegenüber von großer Bedeutung. Das frühzeitige Miteinbeziehen der Mitarbeitenden in die Lage, in die Problemanalyse und in die Lösungsfindung ist ein wesentliches Kennzeichen eines anständigen Unternehmens. Es ist auch klug, dies zu tun, denn die Mitarbeitenden haben ein großes Wissen, das für die Lösung von Krisen hilfreich sein kann. Wenn eine Organisation als letzte Maßnahme Menschen kündigen muss, kommt es immer auch auf die Kommunikation und das Wie der Kündigung an. Wie werden die Menschen im Unternehmen darauf vorbereitet und welche Sozialpläne oder beruflichen Perspektiven werden erarbeitet? Im Wie des Umgangs mit schweren Krisen zeigt sich eben die Anständigkeit oder eben auch nicht. Es gibt wohl keinen Punkt, an dem Anständigkeit zu leben nicht möglich wäre. Aber bewähren kann sich nur etwas, was vorher geübt wurde. Insofern ist die gelebte und geübte Alltagspraxis in Unternehmen auch in organisatorischen Ausnahmesituationen spielentscheidend. Wichtig dafür scheint mir die Ermöglichung einer gediegenen Besinnungs-, Reflexions- und Gesprächskultur in Unternehmen zu sein. Das Unternehmen Heiligenfeld betreibt in Bad Kissingen mehrere psychosomatische Kliniken und Rehabilitationskliniken. In dieser Organisation wird jedem Mitarbeitenden täglich die Möglichkeit einer 30-minütigen Meditation angeboten. Natürlich gibt es zu dieser Praxis Hilfen und einführende Anleitungen. Die 30 Minuten können auch als Zeit der vertieften Reflexion der eigene Arbeit gegenüber genützt werden. Darüber hinaus gibt es viermal im Jahr einen Achtsamkeitstag, an dem sowohl Patientinnen und Patienten als auch Mitarbeitende ihre Zeit im schweigenden Miteinander verbringen. Die Achtsamkeit füreinander soll aktiviert und gestärkt werden. In wöchentlichen Großgruppensitzungen wird zu unterschiedlichen Themen (Fehlerkultur, Konflikte) nachgedacht und werden Sichtweisen ausgetauscht. So entsteht ein Geist der Verbundenheit und des gemeinsamen und gegenseitig verstehenden und stärkenden Tuns. Das ist ein gutes Beispiel einer anständigen Unternehmenskultur. Nachahmenswert und adaptionsfähig. Womit wir, lieber Clemens, beim Thema Unternehmenskultur wären und eigentlich schon mittendrin sind – im Thema unserer folgenden Briefe.

Dankbar und mit herzlichen Grüßen
Christian

2. DIE VERBORGENE DIMENSION

LIEBER CLEMENS!

Im letzten Brief an Dich kam der Begriff Unternehmenskultur zur Sprache. Kultur in Organisationen wird zumeist als die verborgene Dimension bezeichnet. Verborgen deshalb, weil das, was die Kultur in Unternehmen ausmacht, nicht in Texten niedergeschrieben ist, sondern im Miteinanderleben und Miteinanderarbeiten erst sichtbar oder wahrnehmbar wird. Sie kann beschrieben werden mit Erfahrungen, die in einem Unternehmen gemacht werden können, nie aber umfassend dargelegt werden. Das wenig Schriftliche findet sich in niedergeschriebenen Leitbildern oder Unternehmensbroschüren. Das Allermeiste der Unternehmenskultur wird informell einfach gelebt und bestimmt die Atmosphäre in einer Organisation. Kultur ist eigentlich ein Geschehen zwischen Menschen. Kultur lebt in sozialer Interaktion.

Schon beim Eintritt in die Organisation wird erkennbar, ob hier eine erfreuliche Willkommenskultur gelebt wird oder nicht. Wenn neue Mitarbeitende bereits beim Eintritt in das Unternehmen eher das Gefühl haben, dass hier viele bürokratische Hürden zu nehmen sind, bevor man zu einem Dienstvertrag kommt, wird sich vermutlich nicht so leicht das Gefühl einstellen, willkommen zu sein. Eine gut gelebte Willkommenskultur zeigt sich daran, dass der/die neue Mitarbeitende am ersten Arbeitstag freudig empfangen wird und sich jemand Zeit für eine gute Einführung ins Unternehmen nimmt. Auch das Grüßen und Angesehenwerden ist Teil einer warmherzigen Anfangskultur. Schön, dass Du/Sie da bist/sind. Willkommen bei uns im Team! Bei der neuen Arbeitsstelle gut anzukommen, ist für das weitere Miteinander ein bedeutsamer und wirkungsvoller Vorgang. Ist der erste Schritt gut gelungen, steigt das Vertrauen, dass auch die nächsten Schritte glücken werden.

Auch ist für einen neuen Mitarbeitenden bald erkennbar, ob in der Organisation eine Kultur der Partizipation herrscht, ob das Wissen und die Fähigkeiten der neuen Mitarbeitenden erwünscht sind und eingebracht werden können, oder ob ein Mitdenken und sich Einbringen in Diskussionen, in denen es um die Weiterentwicklung des Unternehmens geht, eher als Störfaktor empfunden werden.

Gelebte Unternehmenskultur wird auch von einem zugrundeliegenden Menschenbild geprägt. Es macht einen großen Unterschied, ob der Mensch als prinzipiell fehleranfälliges und faules Wesen betrachtet wird und deshalb der Kontrolle und des Antreibens zur Arbeit bedarf, oder ob der Mensch als grundsätzlich leistungsfreudig gesehen wird und deshalb die Bemühungen der Führung darin bestehen, eine optimale Arbeitsumgebung zu schaffen, in der Entfaltung möglich ist. Die positive Unternehmenskultur zu fördern oder negative Aspekte einer Unternehmenskultur zu verändern, ist Dauerauftrag von Führungskräften.

Eine Managerin, die vor Kurzem in ein großes Unternehmen eingetreten ist, hat mir erzählt, dass sie anfangs damit zu tun hatte, die Veränderung gewisser kultureller Arbeitshaltungen nachhaltig zu unterstützen. So gibt es in ihrem Unternehmen Abteilungen, die in ihren Arbeitsabläufen und bei

Projekten voneinander abhängig sind. Das hat zur Folge, dass wenn eine Abteilung Probleme in ihrem Bereich hat, dies zu Verzögerung in den davon abhängigen Abteilungen führt. Bei den Führungskräften gab es die – auch verbal oft geäußerte – Grundeinstellung, man stünde zur Verfügung. Diese Grundeinstellung wird erst zur Tat, wenn andere um Hilfe bitten. Die mir bekannte Managerin beendete diese Haltung mit dem Hinweis, dass die gönnerische Phrase, „Ich stehe zur Verfügung", in Führungssitzungen nicht mehr verwendet und stattdessen die konkrete Unterstützung einer anderen Abteilung erfolgen sollte. Diese Intervention wurde bei Projekten zu einem wirksamen Hebel zur Verbesserung der abteilungsübergreifenden Zusammenarbeit. Es ist ein hilfreiches Beispiel von guter Kulturarbeit, bei der es auch darum geht, die entscheidenden Ansätze für Veränderung zu identifizieren. Auch wenn es nicht selten um das tägliche Kleingeld des immer wieder Tuns geht, ist es bedeutsam, geeignete Maßnahmen mit großem Wirkungsradius herauszufinden und zu setzen.

Lieber Clemens, Menschen grüßen einander oder auch nicht. Eine Organisation, in der nicht gegrüßt wird, wird keine sein, in der sich Menschen gerne aufhalten. Wenn Menschen einander grüßen und einander anblicken, hat das etwas mit Anerkenntnis des anderen als anderen zu tun. Ich sehe, dass Du da bist und ich anerkenne Dich als Mensch in Deinem So- und Dasein. Menschen, die freundlich gegrüßt werden, fühlen sich gesehen und wahrgenommen. In einem Krankenhaus ist das auf Begegnung hin offene Grüßen besonders wichtig. Menschen, die als Patientinnen und Patienten mit unterschiedlichen Leiden und Beschwerden kommen, wollen wahrgenommen werden und in ihrer Not Zuwendung erfahren.

Diese Erwartung haben sie gegenüber den im Krankenhaus Arbeitenden. Gerade wenn Menschen durch Krankheit und vielleicht auch offensichtliches Leid – das nicht verborgen werden kann – gedrückt und emotional angeschlagen sind, erleben sie durch einen empfangenden freundlichen Gruß ihre Würde trotz persönlicher Schwäche in fürsorgender Zuwendung. Grüßen stärkt die Kultur der Zuwendung in einem Krankenhaus.

Das Grüßen ist aber auch für die Mitarbeitenden untereinander bedeutsam. Was nützt es, wenn zwar den von außen kommenden Menschen, die für ein paar Tage Gäste des Hauses sind, freundlicher Empfang bereitet wird, die Mitarbeitenden aber einander ausdruckslos in den Gängen des Alltags begegnen? Dabei muss der Gruß nicht immer verbalisiert werden, ein Lächeln von Gesicht zu Gesicht im Vorbeigehen hat große Wirkung. Ein Professor in einem großen Institut mit vielen Mitarbeiterinnen und Mitarbeitern litt unter der unfreundlichen Stimmung in seinem Institut. Er war dort als Fachmann und Kollege sehr angesehen. Dieser Professor erzählte mir, dass er sich eines Tages entschloss, ein soziales Experiment in eigener Person zu starten. Er ging einfach täglich bewusst durch die Gänge und Stockwerke des Instituts und lächelte jeden, dem er begegnete, in die Augen schauend freundlich an. Er tat dies im Sinne seines Experiments – bewusst durch die Gänge und Stockwerke zu gehen – zwei Wochen lang. Die Veränderung der Stimmung am Institut war spürbar und er wurde auch darauf angesprochen. Einer nachdenkenden Analyse zufolge waren die Dauer und die Konsequenz der Durchführung des Experiments entscheidend, aber auch, dass es dieser konkrete Mensch war, der das Lächeln mit seiner Persönlichkeit und seinem sozialen und fachlichen

Ansehen vorlebte. Lieber Clemens, ist es nicht schön wahrzunehmen, was ein einzelner Mensch mit einer konsequent gelebten kleinen Geste bewirken kann. Menschen und ihre Handlungen prägen Kultur und schaffen Kultur-Veränderung.

Ein Krankenhaus ist ein interdisziplinärer Kosmos, in dem Menschen unterschiedlicher Fachrichtung und Aufgabenstellung miteinander zum Wohle kranker Menschen zusammenarbeiten – von der Chefärztin bis zum Reinigungsmitarbeitenden. Für die Stimmung im Krankenhaus ist es dabei schon entscheidend, wie die Mitarbeitenden miteinander umgehen und ob sie einander quer durch die Hierarchien freundlich begegnen. Gute Medizin funktioniert nur als Teamleistung gut. Alle im Team sind wichtig. Eine Geschichte hat mich dahingehend immer sehr berührt. Als Präsident John F. Kennedy einmal Cape Canaveral (Nasa) einige Zeit vor dem ersten Flug zum Mond besuchte, traf er eine Frau, die zum Reinigungsteam gehörte. Auf seine Frage, was ihre Aufgabe hier sei, antwortete sie selbstbewusst: „Ich helfe mit, dass der erste Mensch zum Mond kommt!" Was für eine gelungene Einbindung aller in ein großes Menschheitsprojekt, und was für eine gelungene Teamkultur.

Lieber Clemens, welche Aspekte sind für eine gelungene Unternehmenskultur noch wichtig? Wird Grüßen überbewertet? Was ist mit Verabschieden? Was hilft Unternehmen auch kulturell fruchtbar und wachstumsfähig zu bleiben? Ich freu mich auf Deinen nächsten Brief.

Herzliche Grüße
Christian

LIEBER CHRISTIAN,

Edward Hall hat seine berühmten Bücher über Kultur *The Hidden Dimension* (Die verborgene Dimension) und *The Silent Language* (Die stumme Sprache) genannt. In jeder Organisation ist es offensichtlich, dass kulturelle Codes am Werk sind. So wie in jedem Projekt das, was nicht wirklich Gegenstand von Management sein kann, den Ausschlag gibt (Vertrauen und „gute Chemie" können nicht erzwungen werden), so hat auch – paradoxerweise – das Ungeschriebene mehr Gewicht als das Geschriebene. Ich habe oft erlebt, wie ein Erlass „von oben" („managerial level") gegeben wurde, der dann auf der praktischen Ebene („operational level") entsprechend verkürzt umgesetzt wurde.

Ich habe eben heute mit Studierenden die Frage menschenwürde-sensibler Organisationen und Institutionen besprochen. Als Textgrundlage haben wir eine Studie aus England diskutiert, veröffentlicht in dem Artikel *Undignifying institutions*. In diesem Beitrag ist von Würdeverletzungen in einem Krankenhaus die Rede. Du schreibst von der Bedeutung von Details für die Organisationskultur, etwa Grußkultur. In besagtem Text wurde ein Beispiel gegeben, wie in England – dem Land der Teetrinkenden! – eine Krankenhauspatientin eine Tasse Tee bekommen hat, allerdings ohne Untertasse; eine Kleinigkeit, gewiss, aber doch ein Zeichen einer gewissen Lieblosigkeit. Ein Aspekt, der dabei eine ganz entscheidende Rolle spielt, ist der Faktor Zeit. Die Wahrscheinlichkeit, dass die Würde eines Menschen in einer Organisation oder Institution geachtet wird, steigt mit dem Umfang von Ressourcen (Personal, materielle Infrastruktur, Zeit). Aber auch hier gilt, dass Ressourcen Menschlichkeit nicht erzwingen können.

Mir ist eine Fallstudie aus Indien in die Hand gefallen, in der Suprya Subramani von „micro-inequities" spricht, von Mikro-Ungleichbehandlungen in kleinen Begegnungen. Sie führt aus, wie in einem öffentlichen Krankenhaus eine Kultur der Herablassung in den kleinen Interaktionen zwischen Personal und Patient/inn/en und in den Interaktionen zwischen Personal und Familienangehörigen herrscht – wie Augenkontakt vermieden wird, Fragen keinen Raum haben oder nur sehr kurz beantwortet werden, wie ärztliches Personal Antworten verweigert oder nicht einmal stehen bleibt, wenn eine Frage gestellt wird, wie ein grober Umgangston angeschlagen wird. Diese Mikro-Ungleichbehandlungen sind umso selbstverständlicher, je geringer der soziale Status (Kastenzugehörigkeit) und der Bildungsstatus sind. Dabei werden diese Mikro-Ungleichbehandlungen auch „normalisiert", also als normal und selbstverständlich gerechtfertigt, mit Bemerkungen wie: „Wenn du keine klare Sprache mit diesen Leuten sprichst, verstehen sie dich nicht, da musst du sie auch mal anschreien." Subramani stellt diese micro-inequities als die Spitze des Eisbergs dar – wir sehen auf der Oberfläche die Mikro-Ungleichbehandlung, die auf tiefere Schichten (von institutionellen Gepflogenheiten und Organisationskultur bis hin zu gesellschaftlichen Ungleichheiten) verweist. Diese Mikro-Ebene ist aufschlussreich – man denke an die Risiken, dass jemand, deren oder dessen Muttersprache nicht Deutsch ist, mit größerer Herablassung und Ungeduld behandelt wird; Ähnliches gilt für Aspekte wie Bildungsstatus, Versicherungsstatus, sozialem Status.

Ich habe im Laufe meines beruflichen Lebens in verschiedenen Organisationen gearbeitet und entsprechend unterschiedliche Organisationskulturen kennengelernt. Bei der Katholischen Jugend Tirol, wo ich als 19-Jähriger eine Halbtagsanstellung hatte, erlebte ich die Kultur des Kaffeetrinkens – wir waren immer bereit, für Besucherinnen und Besucher aus den Dekanaten eine Plauderpause zu machen, uns Zeit zu nehmen, Gastfreundschaft anzubieten. Mein subjektiver Eindruck war – es ist „mehr Spielen als Arbeiten". Aber das war die Kultur und das wurde von den Partnern in den Dekanaten, die in Innsbruck zu tun hatten, auch erwartet. Während meines Auslandszivildiensts in Bhutan arbeitete ich bei einer österreichischen Entwicklungshilfeorganisation, die sich der Unterschiede zwischen einem „8–17 Uhr Arbeitstag in Wien" und einem „Arbeitstag im ländlichen Bhutan" mit sehr viel flexibleren Zeiten bewusst war. Ich erinnere mich an eine Szene, als ich, frisch im Projekt angekommen, mit dem kanadischen Manager an einem Bericht arbeitete und er mir, nachdem wir fertig waren, um 15 Uhr am hellichten Nachmittag vorschlug, angeln zu gehen. Ich sah ihn entgeistert an und stammelte: „Aber es ist noch nicht 17 Uhr." Sein Lachen war auch Ausdruck einer Organisationskultur. Ich habe meine Lektion gelernt.

Ein letztes Beispiel: Ich habe im Rahmen einer Doppelzuordnung drei Jahre lang am Center for Social Concerns hier an der University of Notre Dame gearbeitet. Das Zentrum hatte eine „Kultur der offenen Bürotüre". Alle arbeiteten mit ihren Bürotüren zumindest halboffen, eine ganze Reihe von Kolleg/inn/en mit sperrangelweit geöffneten Türen. Da ich neu war und da dies alle so handhabten, brauchte ich zwei Monate, bis ich mich traute, die Frage anzusprechen. Ich bin in meiner Arbeitsweise eher introvertiert und kann schlichtweg nicht arbeiten, wenn die Tür nicht geschlossen ist. Ich kann vielleicht Emails schreiben, aber nicht wirklich konzentriert an einer anspruchsvolleren Geschichte arbeiten. So musste ich mich – denn Organisationskultur erzeugt implizite Regeln, Erwartungen und auch Druck – rechtfertigen, dass ich durchaus ein kollegialer Mensch bin, für eine gute Arbeitsleistung aber eine geschlossene Tür brauche. Die geschlossene Tür bedeutet nicht, dass ich abweisend bin und so wirken möchte. Interessanterweise zeigte sich nach diesem meinem Bekenntnis ein Schneeballeffekt – mehr und mehr Türen wurden nur mehr angelehnt oder gar geschlossen; das weist auf die Unverträglichkeit der Organisationskultur mit bestimmten Persönlichkeitstypen und bestimmten Bedürfnissen hin. Das ist wohl noch ein wichtiger Punkt: Eine bestimmte Organisationskultur entspricht manchen Persönlichkeitstypen mehr als anderen. Tendenziell bauen wir Organisationen nach Führungsmodellen, die für extravertierte Menschen geeignet sind. Diese Sensibilität, auf die Bedürfnisse aller Persönlichkeiten zu achten, ist Teil guten Führens. Das gilt auch für die Bedingungen, die Menschen ja nach Arbeitsstil brauchen – manche brauchen klare Strukturen und ein feinmaschiges Netz an Regeln und Vorgaben, andere blühen auf, wenn sie mehr Freiheiten und „große Ziele" haben; manche brauchen Zeit, Inhalte, die bei einer Sitzung besprochen werden, zu verarbeiten, andere denken, während sie reden. Hier verstehe ich Führungsarbeit als „Arbeit an einer Kultur der Gastfreundschaft", sodass sich alle willkommen fühlen.

Gleichzeitig will auch ein geteilter Rahmen geschaffen werden. Als ich Direktor des Instituts für Europäische Studien geworden bin, habe ich eine neue Zeitkultur eingeführt.

Ich lege Wert auf Pünktlichkeit – ich schätze es, wenn Sitzungen pünktlich beginnen und pünktlich enden. Das erhöht für mich auf wohltuende Weise die Vorhersagbarkeit des Ereignisses und reduziert Stress. Die Kultur, die ich eingeführt habe, folgt diesem simplen Grundsatz: Unsere Sitzungen und Veranstaltungen beginnen pünktlich und sie enden pünktlich. Es war wohltuend zu sehen, wie sich dieser kulturelle Wandel durchgesetzt hat. Es ist ja wirklich möglich, eine Organisationskultur zu verändern, wie auch Dein schönes Beispiel des „lächelnden Sozialexperiments" zeigt. Da können die von Dir angesprochenen Kleinigkeiten tatsächlich einen Unterschied machen. In der Familienkulturforschung ist manchmal zu lesen, dass die gemeinsamen Mahlzeiten einer Familie diese am meisten zusammenhalten und sehr gut für die gesunde Entwicklung der Kinder sind (wobei wir wissen, dass geteilte Mahlzeiten ein knappes Gut sein können). Ich erinnere mich auch an einen Hinweis, dass eine veränderte Sitzordnung am Familientisch der Beginn kultureller Veränderungen sein kann. Zwei jesuitische Beispiele: Pedro Arrupe, der langjährige Generalobere der Jesuiten, hat im Speisesaal des Jesuitenhauptauses die Sitzkultur verändert – und statt einer langen Tafel kleine Vierertische eingeführt, was das soziale System wirklich verändert hat. Auch Papst Franziskus hat durch seine Entscheidung, in einem gemeinsamen Haus mit anderen zu wohnen und die Mahlzeiten in Gemeinschaft einzunehmen, eine kleine Revolution begonnen. Führungsarbeit kann ebenso über die Architektur und Ausstattung von Räumlichkeiten erfolgen – wie viele Gemeinschaftsräume stehen zur Verfügung? Haben die Mitarbeiter/innen Rückzugsorte? Das geht hin bis zu „single occupancy restrooms". All dies formt die Kultur einer Organisation, sodass auf der Hand liegt: Die intangible Infrastruktur der Kultur prägt die tangible Infrastruktur der Architektur und umgekehrt.

Einen letzten Aspekt will ich noch ansprechen: Wir navigieren unterschiedliche Organisationskulturen; Kinder mögen eine Kultur in ihrer Familie kennenlernen und dann eine ganz anderen in der Schule; Du schreibst vom Krankenhaus als einem interdisziplinären Kosmos – da haben unterschiedliche Abteilungen wohl unterschiedliche Stile, unterschiedliche „Subkulturen".

Wie gehst Du mit diesem Pluralismus um? Wie gehst Du mit der Vielfalt von Persönlichkeitstypen, Arbeitsstilen und Organisations-Subkulturen um?

Ich freue mich auf Deine Antwort.

Herzliche Grüße

Clemens

LIEBER CLEMENS!

Danke für Deinen letzten Brief, in dem Du wirklich Entscheidendes zum Thema Kultur und Unternehmenskultur ansprichst. Man könnte es philosophisch das Problem des Einen und der Vielen nennen. Du sprichst von unterschiedlichen Persönlichkeiten, verschiedenen Herkünften und den Prägungen durch die jeweils eigene Lebenskultur. Das kann besonders herausfordernd sein, wenn in Unternehmen qualifizierte Zusammenarbeit und ein gutes Miteinander zwischen Menschen gefordert ist. Die Ursachen für Unterschiede zwischen den Menschen liegen ja nicht nur in verschiedenen Muttersprachen und einer unterschiedlichen herkunftsbezogenen Lebenskultur, sondern auch in verschiedenen Milieu- und Bildungsbiographien. Auch die Besonderheiten unterschiedlicher Berufsgruppen und -kulturen spielen eine wesentliche Rolle. Das gilt besonders für ein Krankenhaus, wo viele verschiedene Professionen zum Wohle des Patienten zusammenwirken müssen: von der Haustechnik bis zur Physiotherapie, von der Chirurgie bis zum Reinigungsdienst.

Jede Berufsgruppe hat ihr eigenes Gepräge. Chirurgen ticken deutlich anders als Internisten und können – das ist meine tagtägliche Erfahrung – dennoch gut und erfolgreich miteinander zusammenarbeiten. Was sie eint ist der Wille, das Beste für den Patienten und die Patientin erreichen zu wohlen. Diese Unterschiede sind im interdisziplinären Zusammenwirken vom betroffenen Patienten kaum wahrzunehmen.

Der einzige Maßstab ist der Grad des Wohlbefindens auf dem Weg zur Genesung. Hier spielen die unterschiedlichen Berufskulturen, die es selbstverständlich gibt und geben darf, in der Hilfe für Menschen kaum eine Rolle. Sie sind der Kultur der raschen und effizienten Hilfe untergeordnet. Der Ausspruch der Hl. Elisabeth, „Schau hin und handle!", ist das Leitmotto des Krankenhauses der Elisabethinen und sollte alle Berufskulturen als erste und letzte Ausrichtung bestimmen.

Lieber Clemens, ich bin heuer im Sommer zweimal auf den Großglockner gestiegen, jeweils mit anderen Menschen und verschiedenen Bergführern. Dabei habe ich gespürt, dass die Bergführer, so unterschiedlich sie vom Typ und ihren Herkünften auch waren, alles der Aufgabe und der mit der Aufgabe verbundenen Verantwortung untergeordnet haben – Menschen auf den Großglockner zu begleiten und wieder sicher ins Tal zu bringen. Alle haben eine entsprechende Ausbildung hinter sich und sind dem Ehrencodex und Leitbild für Bergführer verpflichtet. Das merkt man auch als einfaches Mitglied der Gruppe beim Aufstieg. Es wird immer auf den schwächsten Mitsteigenden geachtet, es werden immer die Seil-Sicherungen vorgenommen, der Wetterbericht aufmerksam studiert und Risikominimierung hat eine hohe Priorität. Es ist eine bemerkenswerte Kunst, Menschen unterschiedlicher Bildung, Herkünfte und Bergvorerfahrungen mit dem Berg und seinen Besonderheiten vertraut zu machen und sich gemeinsam Schritt für Schritt dem Gipfel zu nähern. Auch die Entscheidung einzelner, nicht weiterzugehen, in der letzten Hütte vor dem Gipfel zu bleiben oder vor dem letzten Einstieg auf 3.600 Höhenmeter umzukehren, muss dabei Achtung, Respekt und Ermutigung erfahren. Keiner darf dabei unbegleitet bleiben. Die Anweisungen und Hilfestellungen müssen sowohl vom Universitätsprofessor wie auch vom Elektrikerlehrling gut verstanden werden. Es ist wie eine Kunst, verschiedene Kulturen in die eine Kultur des Bergwanderns einzubinden. Der Berg hat immer recht. So, wie im Krankenhaus die Bedürfnisse und Nöte der Patientin und des Patienten immer recht haben. Das ist auch eine Kulturfrage. Es ist die Kunst, verschiedene durch Menschen repräsentierte Kulturen auf die eine Kultur des Unternehmens mit dem Fokus auf eine bestimmte zentrale Aufgabenstellung hinzuordnen und ins Leben zu bringen. Dafür können niedergeschriebene Leitbilder eine Hilfe sein.

Für das Krankenhaus der Elisabethinen gibt es ein Leitbild, das in zehn erläuterten Leitsätzen den elisabethinischen Spirit und die elisabethinische Kultur zum Ausdruck bringt. Diese Leitsätze orientieren sich am Lebensbeispiel der Hl. Elisabeth von Thüringen und an deren zwei historisch überlieferten Aussprüchen: „Schau hin und handle!" und „Wir müssen die Menschen froh machen." Ich finde den Bericht der Hl. Elisabeth so berührend, wo bei einer Gabenverteilung abends die schwachen Armen mit leeren Händen übrigblieben, weil die kräftigeren und durchsetzungsstärkeren Armen alles genommen haben. Elisabeth merkt das und geht noch einmal hinaus, um denen, die in den Nischen der Häuser sitzen oder kauern, auch noch etwas zu geben. Als sie wieder bei ihren Gefährtinnen im Haus war, begannen die Beschenkten draußen aus Dankbarkeit zu singen. Was für eine Szene. Der Mensch lebt nicht nur von Brot allein, sondern auch von Zuwendung und Zuspruch. Elisabeth hatte sich zugewendet und gezeigt, dass sie niemanden vergisst und da ist. Das macht froh. Als sie das Singen hörte, sagte sie zu ihren Gefährtinnen: Ich habe euch gesagt, wir müssen die Menschen froh machen.

Geben ist nie eine Einbahnstraße. Das Singen war eine herzergreifende Dankesgabe.

Lieber Clemens, Geschichten wie diese veranschaulichen, worum es im Krankenhaus der Elisabethinen eigentlich geht. Es geht um eine Kultur der Zuwendung. Die Leitsätze im Unternehmensleitbild umschreiben und entfalten diese. Aber Geschichten gehen eben ins Herz. Freilich ist es gut, wenn Leitbilder als schriftlicher Ausdruck der Unternehmenskultur immer wieder in Sitzungen mit den Mitarbeitenden besprochen und für den Alltag ausgelegt werden. Aber am Nachhaltigsten wirken Erfahrungen des gelebten Alltags. Die Elisabethinen haben in Graz das VinziDorf Hospiz gegründet. Das ist ein Sterbehospiz für Obdachlose und Unversicherte, die vielleicht kein sehr glückliches Leben gehabt haben und die in ihren letzten Lebensmonaten Liebe und Zuwendung erfahren sollen. Da gibt es dann fast wundersame Geschichten, wie beispielsweise die Geschichte von Herrn M., einem obdachlosen Wachkomapatienten, dem bei mehreren neurologischen Tests keine Chance mehr zugesprochen wurde, je wieder das Bewusstsein zu erlangen. Er wurde mehrere Monate liebevoll gepflegt und an Weihnachten 2021 wachte er auf und sprach. Es war für uns das Weihnachtswunder im Jahr 2021. Das VinziDorf Hospiz prägt die Unternehmenskultur der Elisabethinen. So haben in einer kalten Nacht Mitarbeitende im Krankenhaus einfach beschlossen, einen Obdachlosen nach einer warmen Dusche und einem Essen auch ein freies Krankenhausbett für die Nacht anzubieten. Diese Spontanität der Mitarbeitenden war ganz im Sinne der Hl. Elisabeth und der Unternehmenskultur des „Schau hin und handle!". Den Menschen zugewandt sein, das ist immer möglich, egal welcher Berufsgruppe man zugehört oder welche Herkunft man hat.

Die Zuwendung fokussiert alle vorhandenen Eigen- und Subkulturen auf das eine wichtige hin: Menschen in Not zu helfen.

Lieber Clemens, gilt das, was ich hier vom Krankenhaus der Elisabethinen erzählt habe, nicht für jedes Unternehmen und seine Unternehmenskultur? Leitbilder sind gut und müssen immer wieder besprochen werden. Geschichten vom Anfang des Unternehmens, seinen Gründern und dem Geist, der die Gründung ermöglichte, sind noch besser. Am besten aber sind Geschichten des gelebten Alltags, in denen exemplarisch die Unternehmenskultur gelebt wird. So bleibt eine Kultur lebendig. Konkrete Beispiele motivieren Menschen, die Unternehmenskultur auch selbst mit Leben zu erfüllen. Was kann noch helfen, eine Unternehmenskultur umzusetzen oder gar weiterzuentwickeln, lieber Clemens?

Herzliche Grüße

Christian

LIEBER CHRISTIAN,

Respekt vor der zweifachen Großglockner-Besteigung! Mir gefällt der Satz, „Der Berg hat immer recht." Das ist ein tiefer Satz, den man übersetzen kann in Einsichten wie: „Das Meer hat immer recht", „Die Wüste hat immer recht", „Der Fluss hat immer recht". Diese Sätze werden in Zeiten des Klimawandels immer wichtiger – ich schreibe diese Zeilen, kurz nachdem ein weiterer frustrationsvoller Klimagipfel zu Ende gegangen ist. Diese Sätze bringen jene Demut zum Ausdruck, die erforderlich ist, um sich der Wirklichkeit stellen zu können.

Schön auch, was Du von Deinem Krankenhaus erzählst. Ich habe nie daran gezweifelt, dass die Elisabethinen eine wunderbare Spiritualität haben, die sich in inspirierenden Geschichten ausdrücken lässt. Du fragst mich nach Geschichten, die von der Unternehmenskultur erzählen.

Mich hat stets der Gründungsmythos von Organisationen interessiert – oder auch die Geschichte, die am Anfang stand. Ich gebe Dir ein paar Beispiele. Die NGO Pencils of Promise hat Adam Braun gegründet, nachdem er bei einer Indienreise einen Buben angesprochen hatte: „Was wünschst Du Dir am meisten?" Die Antwort: „Einen Bleistift." Adam händigte ihm einen Bleistift aus und das Gesicht des Buben war ganz verzückt. Da erkannte Adam Braun das Versprechen, das ein Bleistift enthält, und begann seine Arbeit im Bildungswesen. Die Geschichte ist schön, hat sich vielleicht auch so zugetragen, und ich kann viel mit der Idee anfangen, dass Bleistift und

Papier eine ganze Welt eröffnen. Bildung formt die Vorstellungskraft. Diese Gründungsgeschichte prägt die Arbeit von Pencils of Promise bis heute. Ein anderes Beispiel: Die Organisation Mary's Meals, die Schulkindern in der Schule eine tägliche Mahlzeit organisiert, hat ihre Gründungsgeschichte in Afrika. Magnus MacFarlane-Barrow hielt sich während einer Hungersnot in Malawi auf und begleitete einen Priester in das Haus einer Familie. Er fragte den 14-jährigen Edward, eines der sechs Kinder, nach seinen Hoffnungen und dieser antwortete: „Ich will genug zu essen haben und eines Tages in die Schule gehen." Diese simple und ehrliche Antwort war der Anstoß, der das Konzept von Mary's Meals für Schulmahlzeiten inspirierte. Wieder prägt diese Geschichte, wieder und wieder erzählt, die Organisationskultur.

Und ein drittes Beispiel: Die größte Nichtregierungsorganisation der Welt, BRAC, mit mehr als 100.000 Angestellten und einem Radius, der mehr als 110 Millionen Menschen erreicht. Sie wurde im Jahr 1972 von Fazle Hasan Abed, einem früheren Manager von Shell Pakistan, gegründet. Am Anfang stand eine Erfahrung, die ihn zutiefst erschütterte. Im Jahr 1970 wurde Bangladesch von einem Zyklon heimgesucht. Abed flog mit einem Helikopter eine entlegene Insel an und sah leblose Körper im Wasser treiben, Erwachsene und Kinder. Sie waren die Ärmsten der Armen, die ohne Schutz in Behausungen gelebt hatten, die dem Zyklon nichts entgegensetzen konnten. Sie waren von Umständen, die größer waren als sie selbst, getötet worden. Sie starben, weil sie arm waren. Auch diese Erfahrung prägte die Organisation, die sich dazu entschloss, den Ärmsten der Armen zu dienen und gezielt jene aufzusuchen und zu unterstützen, die durch keine Programme oder Strukturen unterstützt wurden.

Es tut gut, sich die Gründungsgeschichte, wenn es sie in klarer Form gibt, in Erinnerung zu rufen. Es tut gut, sich immer wieder an die Anfänge zu erinnern. „Ad fontes" ist ja ein schönes Stichwort, zu den Quellen zurückzukehren. Gründungsgeschichten sind solche Quellen, aus denen Unternehmenskultur schöpft und erneuert werden kann.

Bleiben wir bei BRAC und der Unternehmenskultur. Die Organisation konnte auch deswegen auf derart eindrucksvolle Weise wachsen, weil Ehrlichkeit und Lernen Teil der Organisations-DNA waren und sind. Fazle Hasan Abed musste am Anfang zahlreiche Anträge schreiben, um große Geldgeber zu motivieren. Und diese verlangten dann entsprechende Berichte. Abed war stets ehrlich in diesen Berichten, bemühte sich von Anfang an um einen wissenschaftlichen Zugang mit entsprechendem Monitoring und entsprechendem Zahlenmaterial. Er organisierte etwa Hilfe nach dem Bürgerkrieg in Bangladesch, indem er Datensammler ausschickte, die von Haushalt zu Haushalt zogen, um präzise die verlorenen und die vorhandenen Ressourcen zu erfassen. Auf diese Weise konnte das Ausmaß des Bedarfs festgestellt werden. Einige größere Initiativen missglückten – etwa der Versuch, für landlose Menschen Brunnen zu bauen, die für die Bewässerung der Felder genutzt werden konnten; die Idee war, dass die landlosen Brunnenbesitzer Geld aus dem Wasser gewinnen konnten, aber die Landbesitzer waren schlicht zu mächtig. Ein anderes Projekt, das zum Scheitern verurteilt war, war die Idee, ein Dorf, das durch den Zyklon vernichtet worden war, geordneter und praktischer wieder aufzubauen, mit einer großen Straße durch das Dorf. Die Menschen wollten aber lieber ihre Häuser wieder genau dort haben, wo sie vor der Katastrophe standen, auch wenn das unpraktisch war. Manche Projekte klappten nicht, weil man die Eliten, die es in jeder auch noch so kleinen Dorfgemeinschaft gab und die das Dorfleben kontrollierten, nicht an Bord geholt hatte. Wann immer Geld versenkt wurde, berichtete Abed ehrlich von den Misserfolgen – und verstärkte dadurch das Vertrauen der Geldgeber. Diese Ehrlichkeit, gepaart mit dem wissenschaftlichen Ehrgeiz zur Genauigkeit, macht das Charisma von BRAC aus, nunmehr seit 50 Jahren. Immer wieder werden diese Tugenden in Erinnerung gerufen, immer wieder wird die Gründungsgeschichte der NGO erzählt.

Ich will unseren Teil über Unternehmenskultur mit dieser simplen Beobachtung abschließen: Geschichten prägen Kultur, und das Erzählen von Geschichten ist Kulturarbeit. Die Geschichten, die wir erzählen können, prägen uns und unser Wirken in den Organisationen, in denen wir tätig sind, am meisten. Ich erinnere mich, als ein erfolgreicher Student aus wohlhabendem Hause in meiner Sprechstunde bitterlich weinte, weil bei seiner Freundin eine schwere Erkrankung diagnostiziert worden war. Hier zeigt sich Menschlichkeit jenseits dessen, was man für Geld kaufen kann. Hier zeigt sich die Unterseite einer Eliteuniversität, die sonst vieles dem Schein opfern mag.

Zeig mir, welche Geschichten du erzählen kannst, und ich sage dir, in welcher Organisation du arbeitest!

Besonders schön ist diese Einsicht dann, wenn wir selbst in dem Sinne Geschichte schreiben, indem wir Initiativen setzen, aus denen Geschichten entstehen – wie in Deinem Fall, lieber Christian, das wunderbare VinziDorf Hospiz. Möge es weiterhin Quelle für viele herzwärmende und geisterhellende Geschichten sein.

Führungsarbeit ist Arbeit an Geschichten.

Liebe Grüße

Clemens

3. TRANSFORMATION

LIEBER CHRISTIAN,

ich habe in meinem letzten Brief von Geschichten gesprochen, die Organisationen prägen. Solche Geschichten müssen wir auch erzählen, wenn wir Veränderungen anleiten wollen. Es ist einer der grundlegenden Aspekte von Führungsarbeit, Transformationsprozesse zu gestalten, Anpassungen vorzunehmen, Veränderungen plausibel zu machen. Hier muss man Geschichten erzählen, die ein wenig an die Idee des gelobten Landes erinnern. Mose hat ja das Volk Israel mit dem Versprechen auf eine bessere Welt aus Ägypten herausgeführt, mit dem Versprechen eines guten Lebens. Das Murren des Volkes in der Wüste hat gezeigt, dass der Weg ins gelobte Land steinig und dürr war und dass es nicht die Sache der meisten Menschen ist, sich von einer langfristigen Perspektive leiten zu lassen. Das kleine Einmaleins von Veränderungsmanagement sagt uns, dass man es Menschen möglichst leicht machen muss, sich an geänderte Umstände anzupassen (man muss eine unterstützende Umgebung kreieren), dass man Veränderungsprozesse mit einem Versprechen auf ein besseres Leben oder sonstige wichtige Werte motivieren muss und dass man glaubhafte Botschafterinnen und Botschafter der Veränderungsidee braucht – überbezahlte CEOs, die einen Sparkurs anregen wollen, haben hier Glaubwürdigkeitsprobleme.

Ich darf als Beispiel die Universität nennen, an der ich arbeite, die University of Notre Dame: Hier hat man sich noch im Frühling 2020 dazu entschlossen, den Campus zu öffnen und das akademische Jahr 2020/2021 als Präsenzjahr zu gestalten. Diese Entscheidung hat natürlich eine Reihe von Veränderungen mit sich gebracht (Vorsichtsmaßnahmen, Maskenpflicht, Testpflicht, Abstandsregelungen, hybride Unterrichtsformen, geschlossene Restaurants); diese Veränderungen mussten motiviert und entsprechend begleitet werden. Ein erster Schritt war die Begründung der Entscheidung. Hier konnte man sich auf entsprechende interdisziplinär erarbeitete wissenschaftliche Expertise stützen sowie auf die Werte der qualitätsvollen Studienerfahrung und Solidarität. Eine gute Begründung ist ein wichtiger Schritt im Change-Management. Ich erzähle gern von Ismail Kadares Roman *Der Palast der Träume*. Er wollte in diesem Roman die Hölle beschreiben und hat als einen wichtigen Gesichtspunkt das Verbot der Frage und die vorenthaltene Begründung ausgewiesen. Wir können Menschen die Hölle auf Erden bereiten, wenn wir ihnen Begründungen schuldig bleiben. Die University of Notre Dame hat die seinerzeitige Öffnungsentscheidung gut begründet und dann auch eine unterstützende Umgebung geschaffen, mit Teststraßen und Gratis-Masken, mit der Kennzeichnung von Sitzplätzen in den Hörsälen, mit angemieteten Unterkünften für notwendige Quarantäne-Plätze, mit regelmäßig veröffentlichten Gesundheitsstatistiken und technischer Unterstützung bei hybriden Unterrichtseinheiten (da ja die internationalen Studierenden nicht ins Land reisen konnten). Sympathieträger wie der Hochschulpfarrer oder die Polizeichefin wurden zu Botschaftern der Idee – es wurde in ein Klima von Solidarität und einer Gemeinwohlgesinnung investiert. Kurz, ein Beispiel von gelungenem Change-Management.

Das ist das kleine Einmaleins der Veränderung – ähnlich wie das Planen einer Expedition. Man braucht einen klaren

Ausgangspunkt und ein Wissen darüber, wo man ist und von wo aus man aufbricht; man braucht ein klares Ziel und eine klare Motivation, sich auf den Weg zu machen. Und man braucht einen Plan, eine Route und entsprechende Ausrüstung. So gilt es, ein Warum, ein Wohin, ein Wie zu bedenken.

Man kann diese Überlegungen zu Veränderungen auch noch grundsätzlicher angehen: Aristoteles hat in seiner *Metaphysik* festgehalten, dass Veränderung immer entsprechend den Seinskategorien erfolgt (*Metaphysik* XI,9, 1065b5–10); das heißt, dass man nur das an Veränderung erwarten kann, was mit dem Potenzial des betreffenden Menschen oder der betroffenen Organisation vereinbar ist. Man kann von einem Operationssaal nicht erwarten, zum Fußballstadion zu werden. Man kann von einem Demenzkranken nicht erwarten, eine Klinik zu leiten. Das ist schon einmal eine Aufgabe in der Führungsarbeit, das Potenzial gut einschätzen zu können. Ich will ein Beispiel geben: Vor einigen Wochen hat die Verwaltungsdirektorin des Instituts, das ich leite, gekündigt, weil sie ein attraktives Angebot der Juridischen Fakultät bekommen hat. Das brachte gewaltigen Veränderungsbedarf mit sich, war sie doch 14 Jahre lang an diesem Institut tätig. Wir haben dann eine interne Konsultation abgehalten, in der sich die Entscheidung herauskristallisiert hat, dass wir den Posten der Direktorin nicht ausschreiben, sondern die Zukunft des Instituts lieber durch interne Beförderung und durch die Anstellung von zwei „junior staff" gestalten wollen. Das war eine Entscheidung mit Blick auf das Potenzial der vorhandenen Kolleginnen und Kollegen, die dann durch die internen Aufstiegsmöglichkeiten entsprechend motiviert waren. Das kann stimmig sein, muss es aber natürlich nicht. Gutes Veränderungsmanagement hat einen Sinn für Prioritäten und Potenziale: Was muss unbedingt abgedeckt werden, was kann geopfert werden?

Aristoteles sagt noch etwas Bedenkenswertes zum Change-Management: Veränderung ist die Übersetzung von Möglichkeit und Wirklichkeit. Dabei kann Möglichkeit entweder das Potenzial von Menschen oder die Possibilitäten in der Welt sein. Hier muss ich also Menschen wie vorhandene Optionen kennen. Robert Musil hat vom Möglichkeitssinn gesprochen, vom Sinn für Alternativen zum Status quo. Auch das ist ein Teil von Change-Management; bei Musil sind es die Dichter, die über Möglichkeitssinn verfügen – interessanterweise kann die Vorstellungskraft, wie sie Dichter haben, auch für die Führungsarbeit hilfreich sein. Veränderung erfolgt nach Aristoteles durch Bewegung, durch ein In-Gang-Setzen (*Metaphysik* XI, 9,1065b15f). Hier kommt wieder die Idee des Führens ins Spiel: Sich selbst so zu bewegen, dass Menschen bewegt werden, sich auch auf dieses Ziel hinzubegeben.

Dazu bedarf es dessen, was man Fingerspitzengefühl nennt, denn manche Menschen werden sich gegen Veränderungen wehren. Nach den Grundformen der Angst von Fritz Riemann haben manche Menschen Angst vor Veränderung, andere Menschen Angst vor Stagnation. Erstere sind schwer zu motivieren. Sie werden sich wehren. Wehren werden sich auch diejenigen, die durch eine Veränderung verlieren. Jede soziale Transformation bringt Gewinner und Verlierer hervor. Das ist unvermeidbar. Die im letzten Brief angesprochene Organisation BRAC in Bangladesch möchte die Geldverleiher, die Wucherzinsen verlangen, um ihre Existenz bringen – gut für die armen Kreditnehmer, nicht gut für die „money lenders", die BRAC entsprechend bekämpfen. Auch hier sind Fingerspitzengefühl und Diplomatie gefragt. Aber es darf auch die Fähigkeit nicht fehlen, harte Entscheidungen zu treffen und sich von Menschen, die wichtigen Veränderungen im Wege stehen, zu verabschieden.

Bei fundamentalen Veränderungen – etwa durch das Zweite Vatikanische Konzil – wird man sich von denjenigen, die diese Veränderungen nicht mittragen wollen und können (wie die Piusbrüder, um ein Beispiel zu geben), verabschieden müssen. Dabei zeigt dieses Beispiel auch die Notwendigkeit des Dialogs.

Lieber Christian, Du hast jüngst mit Streikdrohungen zu tun gehabt und musstest einen Veränderungsprozess in der Entlohnungsstruktur managen. Gibt es hier Einsichten, die Du teilen kannst? Hast Du sonst wichtige Erfahrungen mit Veränderung gemacht?

Ich freue mich auf Deine Antwort.

Herzliche Grüße

Clemens

LIEBER CLEMENS!

Danke für Deinen Brief und den Hinweis, wie wichtig Geschichten gelungener Veränderung für Veränderung sind. Wir stärken uns am gelebten Leben: Das haben wir erlebt, das haben wir erfahren, es ist möglich, es kann möglich sein, wage es. Der erste Schritt ist wichtig, und wenn das Ziel und die Zukunftsgestalt von etwas klar sind, kann Veränderung gelingen. Zuversicht nährt sich an der Erinnerung an ein Beispiel und an der Klarheit eines Vorhabens. Die Überzeugungskraft der Antworten auf die Fragen: „Warum Veränderung?", „Warum Veränderung in diese Richtung und auf diese Weise?", ist entscheidend für das Wagnis erster Schritte. Eine Veränderung ist immer ein Wagnis, weil zunächst Gewohntes und Vertrautes losgelassen werden. So kann Lebendiges wachsen. Wachstum ist Zeichen von Lebendigkeit.

Lieber Clemens, Sigmund Freud hat sich als Psychoanalytiker geweigert, Menschen über 50 noch zu therapieren, weil er der Meinung war, dass mit 50 Jahren die Persönlichkeit eines Menschen festgelegt und nicht mehr veränderbar wäre. Was Freud noch nicht wissen konnte, sind die Erkenntnisse neuerer Hirnforschung. Das menschliche Gehirn ist ungemein adaptiv und bis ins hohe Alter, also eigentlich bis zum Tod, lernfähig. Das menschliche Gehirn hat lebenslänglich die Fähigkeit zur Zellneubildung, auch wenn es altert.

Der Neurowissenschaftler Gerald Hüther weist immer wieder auf die sogenannte *Minnesota nun-study* hin, die David

Snowdon an 600 Ordensfrauen im Alter von 76 bis 107 Lebensjahren durchgeführt hat. Dabei stellte er fest, dass bei manchen Schwestern zwar Eiweißablagerungen im Gehirn als pathologischer Befund feststellbar waren, diese Schwestern aber weiterhin intellektuell handlungsfähig blieben und anspruchsvolle Aufgaben übernehmen konnten. Der Grund war, dass das Gehirn trotz Alterungsvorgängen bis ins hohe Alter zu Zellneubildung und Erneuerung fähig ist. Das menschliche Gehirn verändert sich durch Anreize von außen fortwährend und ist nichts Statisches oder Starres. Dieses erstaunliche Ergebnis bei den Ordensfrauen hängt dieser Langzeitstudie zufolge auch mit dem Lebensstil im klösterlichen Umfeld zusammen: Die Überschaubarkeit der Welt (das Erfassenkönnen dessen, was ist), die Gestaltbarkeit ihrer Lebenswelt (sich kreativ und schöpferisch verändernd einbringen zu können) und das Empfinden des Sinnvollen (Glaube, Vertrauen und Zuversicht, dass es gut ist, wie es ist und am Ende des Tages sein wird). Die Möglichkeit, gestaltend tätig zu sein und damit die eigene Lebenswelt in ihrer Veränderung aktiv zu begleiten, ist dabei ein wesentliches Element. Die Erkenntnis dieser Studie ist, dass der Mensch bis ins hohe Alter lern- und entwicklungsfähig bleibt. Der Mensch ist der Veränderung mächtig. Das macht Menschen stark. Das hat uns schon Charles Darwin gelehrt: In der Evolutionsgeschichte der Welt haben nicht die Stärksten überlebt, sondern jene Lebewesen, die fähig waren, auf veränderte Umweltbedingungen gut und adäquat zu reagieren. Jared Diamond stellte in seinem Buch *Kollaps* fest, dass große, scheinbar ewig bestehende Gesellschaften und Kulturen wie die Mayas, die Ägypter oder die Römer unter anderem auch deshalb untergegangen sind, weil die Fähigkeit, auf Veränderungen in der

Um- und Mitwelt eine Antwort zu geben, nicht gegeben war oder verloren ging.

Im berühmten Roman *Der Leopard* von Guiseppe Tomasi di Lampedusa findet sich der Satz: „Wenn wir wollen, dass alles so bleibt, wie es ist, müssen wir zulassen, dass sich alles verändert." Dieser Satz bezieht sich auf das Italien des 19. Jahrhunderts, in dem sich Adelige gegen die Veränderung der Gesellschaft durch demokratische Kräfte zur Wehr setzten. Demokratie hat sich als zukunftsfähiger erwiesen. Auch in Italien. Veränderung ist somit das Bleibende und Konstante. Das gilt auch für Unternehmen. Erfolgreiche Unternehmen sind eigentlich in permanenter Veränderung. Bezogen auf die Strategien von Unternehmen ist also immer wahrnehmend die Frage zu stellen: Stimmen die Annahmen noch, unter denen eine bestimmte Strategie entwickelt wurde? Wenn nein, wie muss nachjustiert und verändert werden? Oder sind die Umsetzungsmaßnahmen einer Strategie heute noch die richtigen?

In einer sich rasch verändernden Gesellschaft sind Strategien deshalb ständig zu befragen. Von General Helmuth Graf von Moltke stammt der oft zitierte Ausspruch: „Die Strategie endet mit dem ersten Feindkontakt. Danach beginnt ein System von Aushilfen." In der allgemeinen Management-Literatur wird gegenwärtig von der bereits erwähnten sogenannten VUCA-Welt gesprochen. Wie du weißt, stehen die Buchstaben jeweils für eine Eigenschaft von Welt und Gesellschaft: Volatility, Uncertainty, Complexity und Ambiguity. Unsere Welt wird dabei als eine flüchtig-unbeständige, unsichere, komplexe und mehrdeutige beschrieben. Veränderungen passieren in dieser Welt jedenfalls mit und ohne uns. Die zeitliche Abfolge hat sich beschleunigt. In dieser Welt leben wir und müssen uns bewähren. Das gilt auch für Unternehmen. Menschen, die Verantwortung in Führungspositionen tragen, sind dabei besonders gefordert. Eigentlich geht es ja immer um Menschen, die agil und wahrnehmend die Fragen und Ansprüche des Lebens beantworten. Auch in Institutionen und Organisationen. Geeignete Strukturen und Prozesse können das bestenfalls unterstützen, jedoch nie kompensieren.

Lieber Clemens, mir gefällt die Überlegung der jüdischen Philosophin Hannah Arendt, die von der prinzipiellen Fähigkeit des Menschen sprach, immer wieder neu anzufangen. Dies wurzelt gemäß ihrer Überlegungen in der „Geburtlichkeit" des Menschen. Jeder Mensch ist mit seiner Geburt ein neuer Anfang in der Welt und damit ein Beitrag zur Veränderung der Welt – hoffentlich zum Guten. Die Freiheit, neu anfangen zu können, zeichnet Menschen aus, und damit auch die Fähigkeit, Veränderungen und Transformationen zu leben, zu begleiten und zu bewältigen – für sich und andere in der Mitwelt.

Ein besonders herausragendes Beispiel des Neuanfangens und der Veränderung ist für mich die 2008 verstorbene Schwester Emmanuelle. Sie wird die Mutter der Müllmenschen von Kairo genannt. Schwester Emmanuelle unterrichtete bis zu ihrem 60. Lebensjahr höhere Töchter in Alexandrien. Bei einem Schulausflug nach Kairo begegneten ihr und den Schülerinnen, mit denen sie unterwegs war, Kinder, die im Müll nach Essbaren suchten. Berührt von der Not ließ sie einen Hut bei den Schülerinnen herumreichen, mit der Bitte etwas zu spenden. Sie wusste, dass die Schülerinnen aus reichen Familien stammten und viel Taschengeld dabeihatten. Von den leider nur wenigen Kleingeldstücken, die gegeben wurden, war sie erschüttert. Sie beschloss ihr Leben zu ändern, sie wollte nicht mehr höhere Töchter unterrichten und wagte einen Neuanfang. So zog sie mit über 60 Jahren mit einem Leiterwagen und wenigen Habseligkeiten in den Slum von Ezbet-el-Nakhl in Kairo, um mit 4.000 Müllmenschen ohne Wasser und Strom das Leben im Schmutz zu teilen.

Die gelebte Freiheit, neu anzufangen, hat durch Schwester Emmanuelle ein großes Hilfswerk entstehen lassen. Mitten im Müll wurde eine Kompostierfabrik errichtet sowie Schulen und eine Klinik gebaut, um Menschen ein Leben in Würde zu ermöglichen. Ihr Hilfswerk kümmert sich heute auch um Straßenkinder in den Kriegsgebieten des Sudan. Die Initiative einer veränderungsbereiten Sechzigjährigen macht Mut, den Anforderungen des Lebens zuversichtlich und aktiv zu antworten. Ich durfte Schwester Emmanuelle mehrmals begegnen. Ihr Leitsatz war: „L'amour est plus fort que la mort. – Die Liebe ist stärker als der Tod", ein Satz aus dem biblischen Hohelied der Liebe. Jedes Mal, wenn ich Schwester Emmanuelle begegnete und ihr in die Augen schaute, ihr liebevolles, aber auch keck-erfrischendes Lächeln sah, war ich irgendwie unruhig, fühlte mich herausgefordert und beschäftigte mich die Frage: Wo muss oder soll ich mein Leben verändern? Begegnung verändert. Nur so scheint es zu gehen. Reine Kopfgeburten finden den Weg ins Leben selten.

Lieber Clemens, wie denkst Du darüber? Brauchen glückende Transformationen nicht lebendige Menschen, die begegnungsfähig sind und eine Bereitschaft für einen Neubeginn mitbringen?

Herzliche Grüße
Christian

LIEBER CHRISTIAN,

Danke für Deine Zeilen. Die Notwendigkeit, sich an verändernde Umstände anzupassen, ist auch der Kampf gegen Sinn- und Bedeutungsverlust. Uns allen ist die von Saint-Exupéry in seinem Buch *Der kleine Prinz* geschaffene Figur des Laternenanzünders vertraut, der nicht wahrhaben will, dass sich der Planet immer schneller und schneller dreht – die Tätigkeit des Laternenanzündens wird zusehends sinnentleert.

Sinn und Würde sind miteinander verbunden. Ähnlich wie Hannah Arendt die Fähigkeit zum Neuanfang betont hat, hat der israelische Philosoph Avishai Margalit die Idee vorgestellt, dass es Ausdruck der Würde des Menschen ist, seinem Leben jederzeit eine neue Ausrichtung geben zu können.

Menschen der Selbsterneuerung sind in der Führungsarbeit gefragt, so hat es der langjährige Generalobere der Jesuiten, Pedro Arrupe, ausgedrückt. Menschen mit Führungsverantwortung sollen „persons of self renewal" sein, Menschen der Selbsterneuerung. Du hast das beeindruckende Beispiel von Schwester Emmanuelle genannt, die zu einem Zeitpunkt, an dem viele an die Pension denken, einen radikalen Neuanfang gemacht hat. Neuanfang und Selbsterneuerung werden, wie auch das Beispiel von Schwester Emmanuelle zeigt, durch disruptive Erfahrungen herausgerufen (provoziert), im Fall von Schwester Emmanuelle ein Schulausflug. Eine disruptive Erfahrung bricht mit dem Gewohnten und Vertrauten.

Ich will den Gedanken vorschlagen, dass die Disruptionsfähigkeit sowohl für einzelne Menschen als auch für Organisationen eine besondere Bedeutung hat. Dabei möchte ich zwischen einer Unterbrechung (Interruption) und einer Disruption (Durchbrechung) unterscheiden. Wenn jemand beim Kochen ist und es klingelt an der Tür, kann der Topf kurz von der Herdplatte gestellt werden; nach beendeter Interaktion mit dem Briefträger oder der Paketbotin kann der Faden (bildlich gesprochen, da wir doch eben von Herdplatten und Töpfen reden) wieder aufgenommen werden. Das ist eine Unterbrechung, so wie es bei einem Fußballspiel Spielunterbrechungen gibt. Eine Durchbrechung hat hier ein ganz anderes Gewicht und eine andere Kraft – hier kann ich nicht fortsetzen, als ob nichts geschehen wäre; hier muss ich mein Leben umstellen, hier muss ich den Handlungsfluss ändern, ich muss mich neu einstellen.

Die Bibel ist voll von disruptiven Erfahrungen: Mose hatte ja nicht gerade den Lebensplan, das Volk aus Ägypten herauszuführen. So manche Propheten wehren sich dagegen, in den Dienst genommen zu werden. Sie alle wurden in ihren Plänen durchbrochen; die Berufung der Jünger ist eine ähnliche Durchbrechung – und wie ernüchternd ist es doch, wenn wir am Ende des Johannesevangeliums lesen, dass die Jünger wieder fischen gehen (Johannes 21:3), obwohl sie mit Jesus von Nazareth durch Verkündigung, Wunder, Tod und Auferstehung gegangen sind. Die Erfahrung wirkt dann wie eine Unterbrechung des Fischens, das dann wieder aufgenommen wird. Die Bibel enthält jedenfalls vielfach die Botschaft, dass Menschen, die offen sind für das Wort Gottes, disruptive Erfahrungen machen. Die Fähigkeit zur Disruption wird dann zum Glaubensbeweis.

Wenn Menschen sich nicht durchbrechen lassen, sind sie verschlossen gegenüber der Welt und dem Leben. Es ist kein gutes Zeichen, in einem System gefangen zu sein. Mich erinnert das an ein amüsantes Buch von Steven Lukes, *The Curious Enlightenment of Professor Caritat*. In diesem Buch beschreibt Lukes in leicht satirischer Weise, wie es sich anfühlen würde, wenn ein Land konsequent eine Kantische Pflichtethik umsetzen würde oder ein vollendetes Beispiel für Utilitarismus wäre. Im Fall von „Utilitaria" beschreibt er etwa die Liebe zu Computern und die Einstellung, dass nur das zählt, was gezählt werden könne. Systeme, und seien sie noch so plausibel, können zu Gefängnissen werden – das gilt ja auch für die Doktrin der katholischen Kirche und die Liturgie, wie Papst Franziskus mit Blick auf die Gefahr verweltlichten Denkens einmahnt: „Diese bedrohliche Weltlichkeit zeigt sich in vielen Verhaltensweisen, die scheinbar einander entgegengesetzt sind, aber denselben Anspruch erheben, ‚den Raum der Kirche zu beherrschen'. Bei einigen ist eine ostentative Pflege der Liturgie, der Lehre und des Ansehens der Kirche festzustellen, doch ohne dass ihnen die wirkliche Einsenkung des Evangeliums in das Gottesvolk und die konkreten Erfordernisse der Geschichte Sorgen bereiten." (*Evangelii Gaudium* 95) Auch hier wird die disruptive Kraft eingemahnt.

Aus Sicht der Führungsethik scheint es mir entscheidend, dass diejenigen, deretwegen eine Institution oder Organisation gebaut worden ist, ihre disruptive Kraft nicht verlieren. Das sind die Kinder in Kindergarten und Schule, das sind die Patientinnen und Patienten im Krankenhaus, das sind die Steuerzahlenden im Finanzamt, die Arbeitsuchenden im Arbeitsmarktservice usw. Wir sollten in unseren Organisationen erstens Räume schaffen, wo diese disruptive Kraft auch zur

Geltung kommen kann (etwa durch ein Kunstprojekt, ein Gesprächsforum, einen Workshop) und wir sollten immer wieder innehalten und uns fragen, ob unsere Abläufe denjenigen, um die es eigentlich geht, gerecht werden.

Ich erinnere mich an einen Schuldirektor, der nach umfangreichen Sanierungsarbeiten der Schule, die im Sommer stattfanden, sinnend auf das blitzblanke Gebäude blickte und dann sagte: „Wie schade, dass bald die Schülerinnen und Schüler zuruckkommen." Natürlich ist das verständlich, aber der Witz der Einrichtung ist es, den Kindern und Jugendlichen zu dienen und ihnen damit auch disruptive Kraft zuzugestehen.

Ich bin in ein Projekt involviert, in dem es um die Teilhabe- und Gestaltungsmöglichkeiten von Kindern geht, und da fällt es immer wieder auf, dass Erwachsene die Lebenswelt der Kinder kolonialisieren (um ein Wort von Habermas zu verwenden) und dass Kinder gezwungen werden, sich an die Welt der Erwachsenen anzupassen. In diesem Zusammenhang wurde der Begriff „Adultismus" geschaffen (die Abwertung der Kinderperspektive zugunsten der Erwachsenensicht). Wie viel müsste sich in vielen Institutionen ändern, damit sie kindgerecht sind?

Frage an Dich, lieber Christian: Wie erlebst du die disruptive Kraft der Patientinnen und Patienten im Krankenhaus? Wird diese unterdrückt, wird dieser Raum gegeben, wie äußert sie sich? Erzwingen und ermuntern Patient/inn/en Veränderungen? Und: Haben Kinder eine disruptive Kraft bei Euch im Spital?

Herzlichst

Clemens

PS: Die Disruptionsfähigkeit kann schwerlich losgelöst werden von robuster Identität. Die von Dir angeführten Erkenntnisse zum guten Altern im Kloster haben wohl auch mit der Stabilität und dem Rhythmus, der Routine und den Gewohnheiten zu tun. Eine kluge Tagesstruktur, wie sie das Gebetsleben mit seinen festen Zeiten schafft, baut auch an jener Sicherheit, die mit Durchbrechungen umgehen lässt. Ein starkes „Selbst" kann gut mit Disruptionen umgehen, womit wir wieder beim Thema „Innerlichkeit und Resilienz" sind.

LIEBER CLEMENS,

danke für Deinen Brief und die Hinweise auf die Bedeutung von Disruption und Interruption bei Wandel und Veränderung. Du stellst die Frage, wie Patientinnen und Patienten durch Disruption auf die Veränderung im Krankenhaus einwirken können. Deine Frage ruft in mir das Wort Jesu ins Bewusstsein: „Der Sabbat ist für den Menschen da und nicht der Mensch für den Sabbat!" Jesus antwortet mit diesem Ausspruch auf eine Frage, bezogen auf die ihn begleitenden Jünger, die am Sabbat Weizenähren sammeln, weil sie Hunger haben. Am Sabbat darf man aber nicht arbeiten. Er wurde gefragt, warum die Jünger das tun, obwohl Sabbat sei. Jesus selbst war Jude und achtete den Sabbat. Jesus wies auf die Bedeutung des Sabbats hin und darauf, dass Gebote den Menschen helfen sollten, das Gute zu leben. Menschen, die Hunger leiden, sollten aber etwas zum Essen bekommen – auch am Sabbat.

Lieber Clemens, dasselbe gilt für Regeln und Normen in Institutionen. Regeln sind gut und geben Orientierung. Es sollte klar sein, wofür sie stehen und sie sollten zum Nutzen derer umgesetzt werden, für die sie da sind. Das gilt auch für ein Krankenhaus. Nicht die Menschen sind für das Krankenhaus da, sondern das Krankenhaus ist für die Menschen, die in Krankheit Hilfe suchen, da. Im Krankenhaus gibt es viele wichtige Regeln, Vorschriften und Hierarchien, ohne die ein Krankenhausbetrieb nicht funktionieren würde. Das ist gut so. Doch es muss klar sein, dass das Krankenhaus ein Mittel der Versorgung von kranken Menschen ist. Das ist sein alleiniger Zweck. Jeder von uns hat schon die Erfahrung von langen Wartezeiten in Ambulanzen, von Mehrfachuntersuchungen zur selben Fragestellung, von fehlenden verständlichen Auskünften über den Gesundheitszustand von lieben Menschen oder einem selbst gemacht. Oder: Jeder kennt Orientierungslosigkeit hinsichtlich dessen, was nach der Behandlung im Krankenhaus weiter zu tun ist, welche Untersuchungen und Therapien wichtig sind. Was sind die nächsten Schritte, an wen soll ich mich wenden, wer ist zuständig, wer hat die Kompetenz usw.

Das Besinnen darauf, dass das Krankenhaus für den Menschen da ist, hat zu einem vertieften Neudenken geführt. Alle Vorgänge im Krankenhaus sollten ganz auf den Patienten und auf die Patientin abgestimmt werden und von deren Bedürfnissen her durchdacht werden: Von der Aufnahme, der Behandlung, über den Aufenthalt und die Entlassung sollten alle Vorgänge und Prozesse zum Wohle der Patienten ausgerichtet und verändert werden. Das klingt einfach und selbstverständlich, ist es aber nicht. Es ist ein komplexer Vorgang der Veränderung, der alle Regeln und Kriterien für einen funktionierenden Krankenhausbetrieb mitdenkt. Diese Methode nennt sich Lean-Management. Zusammenfassend geht es darum, das Krankenhaus und das Gesundheitswesen insgesamt vom Standpunkt der Bedürfnisse kranker Menschen heraus und der qualitätsvollen Gesundheitsversorgung der in der Medizin und Pflege Tätigen neu zu gestalten.

Auch die Disruption der Corona-Pandemie hat zu Veränderungen geführt. Positiv war, dass in der Bewältigung der schwerkranken infizierten Patientinnen und Patienten der interdisziplinäre Teamgeist im Krankenhaus enorm gestärkt und vertieft wurde. Die Abteilungsgrenzen zwischen den Fächern wie Chirurgie, Intensivmedizin, innerer Medizin etc. spielten keine Rolle mehr. Jede/r half jedem/r. Wenn im Bereich der inneren Medizin Pflegekräfte oder Ärzte am Virus erkrankten, halfen jene der anderen Abteilungen ungefragt aus. Es zeigte sich bei der Bekämpfung des Virus auch die Qualität des interdisziplinären fachlichen Austausches. Keiner allein sieht, erkennt und kann alles. Das Virus hat Gemeinschaft gestiftet und die Erkenntnis geschenkt, dass wir einander brauchen. Diese Veränderung im Zugang zu kranken Menschen, diese neue Selbstverständlichkeit des fachlichen Miteinanders und des gegenseitigen Aushelfens will auch jetzt, nachdem die Pandemie ausläuft, keiner mehr missen. Aber nicht alles war gut. Eine weitere Veränderung war der fast gespenstische Zustand eines Krankenhauses, frei von Besuchern. Menschen konnten ihre Lieben im Krankenhaus nicht mehr besuchen. Menschen waren in ihren Isolierzimmern allein. Das Schlimmste war, dass manche Menschen ohne die Hand eines lieben Menschen sterben mussten. Es war völlig verkehrt. Die Vorschrift lautete: Ansteckung sollte durch Verhinderung menschlicher Nähe vermieden werden. Das ist ein wichtiger Beitrag zur Pandemiebekämpfung. Aber das widersprach unserer menschlichen Empfindung, kranken Menschen die Begegnung mit ihren Liebsten zu ermöglichen. Das muss doch immer möglich sein. Auch in einer Pandemie. Als Ordensspital mit Fokus auf die fürsorgende und zugewandte Liebe sahen wir uns verpflichtet, Begegnung in solchen Situationen immer zu ermöglichen. Jede Kreativität sollte dafür eingesetzt werden. Es ist oft gelungen, manchmal leider nicht. Manche sahen das besucherlose Krankenhaus auch positiv. Es ist anstrengend für die Mitarbeitenden sich neben den Kranken auch noch um die Bedürfnisse und Fragen der Besucherinnen und Besucher kümmern zu müssen. Es wurde sogar die Anregung ausgesprochen, ob nicht auch nach der Pandemie der Besucherzugang beschränkt bleiben solle, weil es eben leichter ist und weniger aufwendig. Doch wir wissen, wie wichtig der soziale und menschliche Kontakt für die Genesung von kranken Menschen ist und wie sehr Sterbende die Nähe von lieben Menschen brauchen. Eine Veränderung (besucherloses Krankenhaus) und zwei Bedürfnisse (kranke Menschen und Mitarbeitende). Die Aufgabe ist, Menschen die Begegnung mit ihren Liebsten zu ermöglichen und gleichzeitig die Mitarbeitenden dabei zu unterstützen, mit den Herausforderungen eines besucherfreundlichen Krankenhauses umzugehen. Wir haben dafür den Elisabethinischen Patientenservice eingerichtet, in dem sich ehren- und hauptamtlich Mitarbeitende im Sinne des Prinzips der Zuwendung um die kranken Menschen und deren Besucherinnen und Besucher kümmern. Damit konnten wir pflegerisches und medizinisches Personal entlasten und das Bedürfnis nach sozialer Nähe beantworten. Lieber Clemens, wozu Disruptionen gut sein können! Die eigene Identität im Sinne der Frage: „Wofür sind wir da?", wurde vertieft und gestärkt. Starrheit erodiert das Eigene. Veränderung belebt es.

Unsere Gesellschaft verändert sich auch. Die Menschen werden immer älter. Damit einher gehen neue Herausforderungen. Ältere Menschen sind mit unterschiedlichen Krankheiten und körperlichen Handicaps konfrontiert, die die Lebensqualität mindern können. Deshalb muss sich auch das Gesundheitswesen darauf einstellen, für die Bedürfnisse älter werdender Menschen gerüstet zu sein, um ihnen ein gutes

Leben im hohen Alter weitestgehend zu ermöglichen. Wir sind im Krankenhaus der Elisabethinen deshalb in einem großen Veränderungsprozess. Wir haben Fächer, für deren Qualität wir sehr geschätzt wurden, etwa Chirurgie und HNO, aufgegeben und sind dabei, eine Akutgeriatrie mit Remobilisation, eine Psychiatrie und Neurologie mit Schwerpunkt Erkrankungen im Alter etc. zu entwickeln. In der Stadt Graz werden bald viele ältere Menschen leben und das braucht eine medizinische Antwort. Der Prozess der Veränderung ist schmerzlich, weil wir uns von liebgewonnenen Fächern mit hoher Qualität verabschiedet haben und Neues, nicht Vertrautes aufbauen müssen. Das ist keine leichte Aufgabe. Aber unser Leitwort, das Wort der Hl. Elisabeth, „Schau hin und handle!", orientiert uns auf diesem Veränderungsweg. Was ist die Not der Menschen heute, welche Krankheiten werden zukünftig unser Handeln besonders benötigen? Wir schauen hin und bemühen uns, richtige Schritte zu setzen. Auch die Welt der schneidenden Fächer wie Chirurgie und HNO ist in Veränderung. Große operative Zentren entstehen. Diese sichern auf Dauer bessere Qualität. Auf den richtigen Zeitpunkt von Veränderung zu achten – auch das ist wichtig.

Lieber Clemens, nun zu Deiner Frage: Der Streik wurde beendet und es wurde für die Mitarbeitenden eine lebbare Lösung gefunden. Alles ist immer auch eine Frage von guten Kompromissen.

Herzliche Grüße
Christian

III.
GESPRÄCH

1. ZUHÖREN

LIEBER CHRISTIAN,

Briefe lesen ist eine Form des Zuhörens. So ist dieser Briefwechsel selbst eine Einübung in das Ausüben von Führungsverantwortung, denn „Zuhören" und „Führen" gehören untrennbar zusammen. Dan Coyle hat in der Studie *The Talent Code* über erfolgreiche Coaches darauf hingewiesen, dass gute Trainerinnen und Trainer Menschen von eher wenigen Worten sind, diese dafür aber Gewicht haben und gezielt eingesetzt werden. Nun mag das Führen eines Betriebes eine ganz andere Sache sein, als das Trainieren von Sportlerinnen und Sportlern, die Bedeutung des Zuhörens aber bleibt.

Erinnerst Du Dich noch an das vielleicht größte Unglück der zivilen Luftfahrt am 27. März 1977 in Teneriffa? Das Unglück hat 583 Menschen das Leben gekostet. Der Grund: mangelndes Zuhören. Der Starpilot der KLM, Jacob Veldhuyzen van Zanten, stand unter Druck, am späteren Nachmittag seine vollbesetzte Maschine über Gran Canaria nach Amsterdam zu bringen. Der Flughafen in Gran Canaria war wegen einer Bombendrohung stundenlang gesperrt, was die Abläufe verzögerte. Eine Übernachtung der Passagiere wäre teuer geworden. Entsprechend ungeduldig war van Zanten, der als Kapitän im Cockpit natürlich das Sagen hatte. Er begann mit dem Startlauf, obwohl die Startfreigabe noch ausstand, und wies erst dann den Kopiloten an, sich um die Erlaubnis zu kümmern. Die Funksprüche vom Tower waren nicht klar zu verstehen. Der KLM-Flugingenieur, der sich auch im Cockpit aufhielt, schöpfte den Verdacht, dass sich noch eine andere Maschine auf der Startbahn aufhielt, aber auch diese Bedenken hielten van Zanten nicht davon ab, den Start abzubrechen. Tatsächlich befand sich ein US-amerikanisches Flugzeug auf der Startbahn, weil der Pilot nach der Landung die Ausfahrt im starken Nebel übersehen hatte. Die KLM-Maschine startete durch, van Zanten sah zu seinem Entsetzen im Nebel ein Flugzeug auftauchen, riss als geübter Pilot die Maschine noch hoch, was allerdings bei der vollbetankten Maschine knapp scheiterte. Die beiden Flugzeuge kollidierten, alle Insassen der niederländischen Boeing kamen ums Leben, nur ein Teil der Passagiere der US-Maschine überlebte die Katastrophe. Eine Konsequenz des Flugunglücks von Teneriffa war die Standardisierung der Kommunikation zwischen Cockpit und Tower.

Eine Lektion aus dieser Tragödie ist die Einsicht, dass Stress und Druck für die Kunst des Zuhörens unzuträglich sind. Stress reduziert die Aufnahmefähigkeit. Eine andere Lektion ist der Zusammenhang von Hierarchie und Hindernissen auf dem Weg zum Zuhören. Im Cockpit herrschte eine strikte Hierarchie, zudem war Flugkapitän van Zanten ein hochrespektierter Pilot, der zum Zeitpunkt des Unglücks 11.700 Flugstunden absolviert hatte. Weder der Ko-Pilot noch der Flugingenieur wagten es, van Zantens Entscheidung für den Start in Frage zu stellen.

Man will wohl nicht wissen, wie viele ärztliche Fehler aus einem Mangel an Zuhören entstehen; eine Studie im *Journal of General Internal Medicine* (Singh Ospina, 2018) hat für den US-Raum gezeigt, dass Patientinnen und Patienten im Durchschnitt 11 Sekunden Zeit haben, die Gründe für ihren medizinischen Abklärungsbedarf zu erläutern, ehe sie von ihrem medizinischen Gegenüber unterbrochen werden. Auch das hat mit Stress und Hierarchie zu tun.

Wenn wir unseren Alltag in einer Institution oder einem Betrieb so aufbauen, dass wir unter stetem Druck und ständigem Stress stehen, dürfen wir uns nicht wundern, wenn das Zuhören darunter leidet. Zuhören ist ja eine einigermaßen anspruchsvolle Tätigkeit. Es reicht nicht, keine Geräusche zu machen, wenn ein anderer Mensch redet. Es gilt, Raum zu schaffen und geduldig zu warten, dass das Gegenüber sich öffnet. Es gilt, zwischen den Zeilen zu lesen und gezielt nachzufragen. Das Gesagte ist ja nicht immer das, was zur Sprache gebracht werden soll. Ich erinnere mich an die Frage einer Mitarbeiterin, wie mir die letzte Weihnachtsfeier gefallen habe. Ich gab eine unverbindliche Antwort, merkte aber erst nach dem Gespräch, dass sie mir etwas über die Weihnachtsfeier hatte sagen wollen; sie hatte etwas auf dem Herzen, das sie auf diese indirekte Art einleiten wollte. Meine Feinfühligkeit und Geduld waren nicht groß genug gewesen, um „hinter die Frage zu hören". Da verbirgt sich ja mitunter etwas. Die Frage, „Willst du eine Pause machen?", kann nicht selten heißen: „Bitte, ich brauche eine Pause." Oder die Frage, „Wie war das Wochenende?", kann die Bitte enthalten: „Bitte frage mich, wie ich das Wochenende erlebt habe." Ein Kollege hat mich einmal gefragt, wie es mir bei meiner ersten Probevorlesung ergangen sei. Erst im Verlauf des Gesprächs habe ich erkannt, dass er mir sagen wollte, dass er eine Einladung zu einer Probevorlesung erhalten habe und darüber sprechen wollte. Es reicht nicht eine Tür zu öffnen, man muss auch achtsam mit den Gästen umgehen, die eingetreten sind.

Wir tendieren vielleicht dazu, das Zuhören zu unterschätzen und stattdessen das „Machen" und „Reden" zu betonen.

Die italienische Philosophin Gemma Corradi Fiumara hat eine Philosophie des Zuhörens entwickelt – nachzulesen in *The Other Side of Language: A Philosophy of Listening*. Darin hat sie darauf hingewiesen, dass durch die Verflechtung von „Sprache" und „Rationalität" die Vernunft halbiert worden sei. Zuhören sei die andere Hälfte der Vernunft. Anders gesagt: Ein Mensch, der nicht zuhören kann, ist nur in eingeschränkter Weise vernünftig. Zuhören bedeutet, dem Anderen einen Zufluchtsort für das Wort zu geben. Nur so kann eine echte Beziehung entstehen, im Spiel von Hören und Sprechen, Rede und Zuhören. Ich werde dadurch zu einer Person, indem man mit mir spricht und mir zuhört. Es gehört gewissermaßen zu einem Minimum des guten Betriebsklimas, dass sich Menschen dadurch wertgeschätzt fühlen, dass sie jenen Raum erhalten, der durch Zuhören geschaffen wird.

Zuhören ist nicht passives Empfangen, sondern Hin-hören, aufmerksam sein, präsent sein. Zuhören ist aber Tätigkeit, ist echte Arbeit.

Zuhören kann wohl auch gelernt sein. Ich habe in einem Seminar mit Studierenden Protokolle der Gesprächstherapie von Carl Rogers besprochen. Er war ein Meister des Zuhörens. Wenn man sich genauer ansieht, wie Carl Rogers seine Gespräche angelegt hat, wird man erkennen, dass er sehr behutsam vorgegangen ist. Er lässt der Gesprächspartnerin Zeit, ist ehrlich in Bezug auf seine eigenen Emotionen, verfolgt eine gleichsam suchende und um das rechte Wort bemühte Gesprächsführung. Wir sehen ein Aufnehmen und ein Weiter-führen am Werk. Aufnehmen bedeutet: Rogers nimmt immer wieder vorher Gesagtes auf, wiederholt bestimmte Elemente; er nimmt das Gesagte, achtet es, erhebt es zu neuer Bedeutung. Weiterführen heißt: Rogers wiederholt nicht einfach, was bereits gesagt worden ist, sondern ergänzt es um einen Begriff, bringt einen neuen Aspekt ein, öffnet gleichsam eine neue Tür, führt weiter. Führen und Zuhören sind deswegen miteinander verbunden, weil das Zuhören ein Band knüpft, ein Band der Wertschätzung und des Ernstnehmens. Wenn mir jemand geduldig zuhört, fühle ich mich wertgeschätzt und bin dann auch eher bereit, mich zu öffnen und meine Ideen einzubringen.

Eindrücklich vor Augen geführt wird diese Kraft des Zuhörens in einer Stelle des Lukasevangeliums, der Begebenheit auf dem Weg nach Emmaus. Wir alle kennen diese Stelle aus dem 24. Kapitel. Zwei Jünger gehen nach dem Kreuzestod Jesu von Jerusalem ins Dorf Emmaus. Sie reden miteinander über das, was geschehen ist. Jesus gesellt sich unerkannt zu ihnen, geht mit ihnen mit – und hört ihnen zu. Schließlich fragt er sie: „Was sind das für Dinge, über die ihr auf eurem Weg miteinander redet?" Die Frage bringt sie zum Stehen. Und sie erzählen Jesus, was sich zugetragen hat. Wieder hört Jesus zu. Sie müssen eine Sprache finden, um das, was ihnen auf dem Herzen liegt, auszudrücken. Sie müssen das traumatische Geschehen in Worte zusammenfassen. Und erst dann beginnt Jesus zu reden; und da er auf das Gehörte antworten kann, fällt sein Wort auf fruchtbaren Boden, bringt das Herz der beiden Jünger zum Brennen.

Lieber Christian, Du leitest ein Krankenhaus, in dem es durchaus einen hohen Stresspegel gibt, in dem Entscheidungen, mitunter auch rasch, getroffen werden müssen. Was denkst Du über die Rolle des Zuhörens, über die Kunst des Zuhörens? Was macht gutes Zuhören aus?

Danke fürs Zuhören beim Lesen dieses Briefes.
Herzliche Grüße
Clemens

LIEBER CLEMENS!

Danke für Deinen Brief und Deine Überlegungen zum Thema Zuhören. Wie oft hören wir in unseren Beziehungen den Vorwurf: „Du hörst nicht zu!" Und wie schmerzlich und unangenehm kann die Erfahrung sein, wenn uns ein Gesprächspartner nicht zuhört. Es ist alles eine Frage der Aufmerksamkeit und der damit verbundenen Wertschätzung (wie auch Du es erwähnst). Du hast eindringlich darauf hingewiesen, welche dramatischen Auswirkungen fehlendes oder ungenaues Zuhören haben kann (medizinische Fehler; Flugzeugunfall etc.).

Ein erfahrener Landarzt, den ich einmal aufsuchen musste, sagte mir über seine Rolle als Arzt: „Zuhören immer, helfen oft, heilen fast nie." Bei der bescheidenen Äußerung „heilen fast nie" spielte er auf die Selbstheilung des Körpers an, die er als Arzt lediglich unterstützen könne. Er fasste mit diesen Worten seine langjährige Erfahrung als Arzt zusammen. Heutige Studien zeigen, dass sich das Aussprechen können bei einem aufmerksam zuhörenden Gegenüber vor allem in Bezug auf das Schmerzempfinden von Patienten spürbar lindernde Wirkungen hervorruft. Die Palliativmedizin arbeitet mit unheilbar erkrankten Patientinnen und Patienten in interdisziplinären Teams. Ziel ist es, dass die Betroffenen gut mit der Situation umgehen können und Schmerzfreiheit oder zumindest weitestgehende Linderung der Schmerzen erlangen. In der Therapie spielt das Zuhören eine ganz entscheidende Rolle. Es geht darum, herauszufinden, was der Patient für sich will, was ihn bedrückt und wie eine gute Lebensqualität erreicht werden kann. Dabei spielen neben den Mitarbeitenden der Pflege und der Medizin auch die Mitarbeitenden der Psychologie/Psychotherapie, der Sozialarbeit und Seelsorge eine bedeutende Rolle. In den letztgenannten Berufsgruppen ist das Zuhören der Grundmodus des Tuns.

Es hat mich immer schon fasziniert, dass sich der Hörsinn im Mutterleib kurze Zeit nach der Befruchtung als erster der menschlichen Sinnesfähigkeiten zu entwickeln beginnt und der Hörsinn beim Sterbenden erst mit Eintritt des Todes erlischt. Kinder lernen schon im Mutterleib die vertrauten Stimmen ihrer Familie und den Musikgeschmack ihrer Mitmenschen kennen. Das Ansprechen des wachsenden Kindes im Bauch ist somit eine sinnvolle Maßnahme der Kontaktaufnahme und ersten Beziehungspflege. Sterbende wiederum hören – das wurde neurologisch erforscht – bis zum Schluss, auch wenn die Menschen im Umfeld keine Reaktionen beim Sterbenden mehr wahrzunehmen scheinen. Deshalb findet sich in Empfehlungen für den Umgang mit Sterbenden oft unter anderem der Hinweis, darauf zu achten, welche Musik gerne gehört wurde. In der Sterbephase eines meiner Freunde wurde im Zimmer leise die Musik seiner Lieblingskomponisten Giovanni Battista Pergolesi und Wolfgang Amadeus Mozart gespielt. Enge Familienmitglieder meinten, die entspannende Wirkung dieser Musik sei beim sterbenden Freund wahrnehmbar gewesen.

Jemand hat einmal gesagt: „Der liebe Gott hat sich schon etwas dabei gedacht, dass er uns zwei Ohren und zwei Augen, aber nur einen Mund gegeben hat." Die mittelalterliche Philosophie hat eine wesentliche Eigenschaft des Menschen mit dem Begriff „potentia oboedientialis" bezeichnet: Die Fähigkeit der „Horchsamkeit". Der Mensch ist zunächst offen für das, was kommt, er ist aufnehmend und ansprechbar. Kinder lernen die Sprache durch das Hören und Nachahmen. Als die Menschen noch nicht lesen und schreiben konnten, entwickelten sie eine hohe Begabung im Zuhören, sich das Gesagte zu merken und das Gemerkte weiterzugeben. Von Generation zu Generation. Die meisten religiösen Schriften (Bibel, Koran, Veden, Taoteking etc.) haben eine lange mündliche Überlieferung als Voraussetzung. Überhaupt ist in den großen religiösen Traditionen viel vom Hören die Rede. „Der Glaube kommt vom Hören", schreibt Paulus im Römerbrief (Röm 10,17). Menschen finden durch das Hören zu sich selbst und ihrer Berufung. „Rede Herr, Dein Diener hört", spricht Samuel im Alten Testament. Im Angesprochenwerden entdecken wir uns selbst. Lieber Clemens, hast Du schon einmal die Erfahrung gemacht, dass Du eingeladen wurdest, etwas zu tun, was Dir bisher nicht in den Sinn gekommen ist, sich Dir dadurch aber auch etwas Neues erschlossen hat? Das ist auch dann gegeben, wenn wir z.B. von unseren Vorgesetzten auf eine neue Herausforderung oder Aufgabe angesprochen werden, an die wir noch nie gedacht haben, die sich dann aber als passend und bereichernd für uns erwiesen hat. Auf meinem beruflichen Werdegang habe ich mehrmals diese Erfahrung des Gerufen- oder Berufenwerdens machen dürfen, wobei ich als Theologie- und Philosophiestudent nie an den Gesundheitsbereich als mögliches berufliches Tätigkeitsfeld gedacht habe. Ich bin zutiefst davon überzeugt, dass dies dann geschehen kann, wenn wir prinzipiell offen sind, uns auf das Leben einlassen und auf das hören, was uns zugesprochen wird. Der Mensch wird im hörenden Dialog mit einem Du zum Ich (Martin Buber). Oder wie Friedrich Hölderlin es so schön in seiner Hymne Friedensfeier zum Ausdruck gebracht hat: „Seit ein Gespräch wir sind und hören voneinander."

Hören und Zuhören sind Begegnungsvorgänge. Zuhören im Sinne dessen, was wir unter Zuhören verstehen, wenn wir sagen: „Jemand hat mir wirklich zugehört", ist nur dann möglich, wenn eine Form der Verbundenheit da ist und Begegnung geschieht. Wer sich auf die Begegnung mit einem Du einlässt, wird die Erfahrung des Zuhörens machen können. Wie können wir diese Art von Zuhören erlernen? Es gibt heute viele Ausbildungen zum Thema Gesprächsführung und Zuhören. Aber diesbezüglich bin ich eher skeptisch. Das Lernen von Techniken des Zuhörens und des strukturierten Zuhörens kann doch erst dann fruchtbar sein, wenn Grundlegendes vorhanden ist. Mit grundlegend meine ich Offenheit, Beziehungsfähigkeit, Aufnahmebereitschaft und den Willen, wirklich zuhören zu wollen. Zuhören ist ja in Wahrheit eine Haltung. Zuhören geht nur ganz oder gar nicht, jedenfalls nicht halb. Kinder hören ganz zu, sind gespannt auf die Geschichten, die man ihnen erzählt, sie sind ganz offen und gierig nach Wirklichkeit. Sie freuen sich – das ist körperlich wahrnehmbar –, wenn sie gute Worte hören und weinen bedrückt, wenn böse oder schlechte Worte auf sie niederprasseln. Lieber Clemens, wie haben wir das verlernt? Oft ist es ja so, dass wir nicht einmal die guten Worte mehr wahrnehmen, die liebe Menschen zu uns sagen. Und die bösen Worte hören wir auch nicht mehr, oder sie sind uns einfach egal. Nennt man das Pokerface oder Herzenshärte? Lässt sich das hörende und aufmerksame Kind in uns aktivieren und wachküssen?

Der Architekt Georg Franck stellt in seinem 1998 erschienen Bestseller *Ökonomie der Aufmerksamkeit* fest, dass Aufmerksamkeit ein knapperes und bedeutenderes Gut geworden ist als beispielsweise Geld. Dieser Befund ist bleibend aktuell. Auch heute findet ein intensiver Wettbewerb um die Aufmerksamkeit der Menschen auf vielen Ebenen und auf unterschiedlichsten – auch medialen – Plattformen statt. Die Aufnahmefähigkeit des einzelnen Menschen ist aber begrenzt. Heute werden so viele gesundheitsfördernde Diäten und Ernährungsvorschläge gemacht. Gibt es auch Diäten für die Aufmerksamkeit und das Zuhören? Diäten, die uns freimachen und fokussieren auf das eigentlich Wichtige, nämlich das echte Zuhören bezogen auf den Menschen, der mir gerade gegenübersitzt? Ein Aufmerksamkeitsfasten könnte auch hilfreich sein und ein gutes Einüben in aufmerksames Zuhören. Es ist ganz einfach: Leerwerden, damit man wieder aufnehmen kann. Wenn es mir zu viel wird, hilft es mir, mit mir in der Stille zu sein – bei einem Spaziergang und beim Laufen. Danach ist der Kopf wieder frei. Kurze stille Zeiten jeden Tag und längere stille Zeitphasen im Laufe eines Jahres können sehr hilfreich sein, ein aufmerksam hörender Mensch zu werden.

Ich bin kürzlich mit meiner siebenjährigen Tochter in den Wald gegangen. Wir haben uns hingesetzt und einfach nur zugehört. Wir waren beide erstaunt, wie viel es zu hören gibt, was einem bei einem einfachen Spaziergang durch den Wald nicht alles so auffällt: die vielen verschiedenen Vogelstimmen, das Rauschen des Windes, das Knacken der Äste, das Rascheln des Laubes und der Sträucher usw.

Zuhören ist für Führungskräfte ein Eckpfeiler ihrer Arbeit. Mitarbeiter/innen-Führung kann ohne aufmerksames Zuhören nur selten gelingen. Nachdem der Mensch durch Nachahmung lernt, werden vermutlich Mitarbeitende, die bei ihren Chefs die Erfahrung gelungenen Zuhörens machen konnten, in ihrem eigenen Arbeitsumfeld dem guten Beispiel folgen und auch bestmöglich zuhören. Zuhörende Führungskräfte sind jedenfalls eine wichtige Voraussetzung dafür, dass in einer Organisation die Kultur des Zuhörens, der Aufmerksamkeit und Wertschätzung wächst. Dies ist auch für das heute so wichtige Thema des Employer Branding und der Mitarbeiterbindung nicht unbedeutend.

Lieber Clemens, beim Zuhören kommt es meist nicht auf die Quantität der zur Verfügung stehenden Zeit an, sondern auf die Qualität der Begegnung beim Zuhören, auch wenn es nur eine kurze Begegnung sein sollte. Das gilt auch für die Begegnungen mit Patienten im Krankenhaus. Gutes Zuhören ist eine – durch Forschungen belegte – wirksame Prävention gegen Fehler; nicht nur im Krankenhaus.

Bleiben wir Hörende!
Herzlich
Christian

LIEBER CHRISTIAN,

die von Dir angesprochene „Horchsamkeit" ist entscheidend in lehrenden und heilenden Berufen, wie auch in der Führungsarbeit überhaupt. Zuhören ist harte Arbeit, wollen wir doch die Falle der ersten oberflächlichen Deutung vermeiden. Was immer wir sehen, sehen wir „als etwas" („seeing-as" hat Ludwig Wittgenstein das genannt); wir ordnen Dinge ein. Ähnlich: Was immer wir hören, hören wir „als etwas" („hearing-as"). Ein Satz wie, „Ich muss heute das Jahrbuch verschicken", kann bedeuten: „Lasst mich heute in Ruhe!" oder „Ich brauche Hilfe!" oder „Wie komme ich dazu, das Jahrbuch zu verschicken?" oder „Wer hat Mist gebaut, dass wir erst jetzt das Jahrbuch verschicken können?"

Die Horchsamkeit ist eine Form der Offenheit für tiefes Zuhören. Karl Rahner, der sich eingehend mit der „potentia oboedientialis" beschäftigt hat, hat den Menschen ja überhaupt als „Hörer des Wortes" beschrieben. Der Mensch ist auf das hörende Vernehmen des Wortes (Gottes) angewiesen. Wenn wir im Christentum glauben, dass das Wort Fleisch geworden ist, wie es der Prolog des Johannesevangeliums ausdrückt, dann ist hier ein Weg vom Hören zum Begreifen, zum Berühren gezeichnet. Oder anders ausgedrückt: Wenn wir zuhören, wird der Mensch, dem wir zuhören, greifbar. So werden wir, wenn wir zuhören, auch verändert, berührt. Das klingt etwas pathetisch, aber es ist doch tatsächlich so, dass uns echtes Zuhören formt. Selbst wenn Menschen mit Führungsverantwortung eine innere Festigkeit brauchen, werden ihnen doch Offenheit und Formbarkeit abverlangt. Der kluge Mensch ist nach Thomas von Aquin auch belehrbar. Die „docilitas" ist Zeichen eines Menschen, der sich in praktischen Angelegenheiten gut zurechtfinden kann. Diese Offenheit des Hörenden ist ja auch körperlich ausgedrückt – wir haben Augenlider, aber keine Ohrenlider. Deswegen spielen die Rahmenbedingungen eine entscheidende Rolle. Darüber weiter unten mehr.

Vor zwei Jahren ist ein Student zu mir in die Sprechstunde gekommen, in die geschützte Stille meines Büros; ich habe ihn schon in einem meiner früheren Briefe erwähnt. Er ist in mein Büro gekommen, um über einen Essay zu reden – und dann hat er auf einmal zu weinen begonnen und von seiner schwer kranken Freundin erzählt. Das hat eine Spur in meiner Seele hinterlassen. Gleichzeitig ist da die Lektion: Zuhören braucht Gelegenheiten, einen Rahmen.

Es ist gute Praxis, wenn man neu in einen Betrieb oder eine Institution kommt, „listening sessions" zu veranstalten, Zuhörformate anzubieten. Eine andere Einsicht, die ich aus einer Studie über ein Krankenhaus anbieten kann, ist das Wissen um die Bedeutung von Pausen und Pausengesprächen. Was auf den ersten Blick wie „tote Zeit" aussehen mag, nämlich Mitarbeitende, die miteinander Kaffee oder Tee trinken, kann sich auf den zweiten Blick als wichtiger Umschlagplatz von Erzählungen und Zuhören erweisen, wodurch Gemeinschaft verdichtet wird, was nicht nur menschlich ist, sondern auch den Arbeitsalltag enorm erleichtert. Es ist schwerer, mit einer Person zu streiten, die eben von ihrer schweren Familiensituation erzählt hat. Es ist leichter, jemandem zu vertrauen, der dir von dem erzählt, was ihn bewegt.

Das so simple Miteinanderreden ist der Schlüssel zum Miteinander. Im Angesprochensein wird ein Mensch zur Person. Du hast es so formuliert: „Im Angesprochensein entdecken wir uns selbst." Rowan Williams, der frühere Erzbischof von Canterbury, hat einen ähnlichen Gedanken einmal so ausgedrückt: „I'm a person because I am spoken to. – Ich bin eine Person, weil ich angesprochen werde." Tatsächlich setzt das Angesprochensein, wie Du es auch beschreibst, etwas in Gang. Man tut etwas, was einem bisher nicht in den Sinn kam. Das ist im Grunde eine Charakterisierung von Macht: Eine Person dazu zu bringen, etwas zu tun, was sie von sich aus nicht tun würde. Das macht auch gutes Unterrichten und Führen aus! Offenheit für Neues macht Wachstum möglich. Ich war einmal Mitglied einer Evaluierungskommission, die eine akademische Einrichtung in Dublin beraten sollte. Es wäre mir nie in den Sinn gekommen, so etwas zu tun, wenn ich nicht aufgefordert worden wäre. Das Zuhören, das die dreitägige Visite mit sich brachte, war erhellend und schmerzhaft zugleich, weil hinter den Konflikten eine Geschichte von Verwundungen und Wunden stand. Das hat mich viel über das Innenleben von Institutionen gelehrt. Die an diesem Prozess Beteiligten haben ehrlich in einem geschützten Rahmen erzählt, wie sie die Dinge sehen und erfahren. Und wir haben vor allem Raum gegeben und zugehört.

Zuhören ist eine bestimmte Form, einen Menschen zu ehren und zu würdigen. Der weltbekannte schwedische Schriftsteller und Theatermacher Henning Mankell ist im Jahr 2003 nach Uganda gereist, um mit Aidskranken und deren Angehörigen zu sprechen. Er hat ein Projekt begleitet, bei dem Menschen, die krankheitsbedingt bald sterben würden, Erinnerungsbücher für ihre Kinder schrieben. Dieses „Memory-Book-

Projekt" war vor allem ein Zuhörprojekt. Eine ähnliche Initiative kenne ich aus den Vereinigten Staaten: das Storycorps-Projekt, bei dem Amerikanerinnen und Amerikaner unterschiedlichster Herkunft ihre Geschichte erzählen. Auch hier wurde eine Gelegenheit geschaffen – Zuhörräume –, um Menschen erzählen zu lassen. David Isay, der Begründer des Projekts, hat ein bemerkenswertes Buch über diese Geschichten herausgebracht. Das Buch trägt den bezeichnenden Titel *Listening is an Act of Love* – Zuhören ist ein Akt der Liebe. Gelegenheiten machen Redende (und nicht nur Diebe).

Und wenn Menschen miteinander reden, kommen neue Wahrheiten zutage, die ohne das Gespräch nicht bestehen und sichtbar werden würden. Desmond Tutu, der Vorsitzende der südafrikanischen Wahrheits- und Versöhnungskommission, hat das „dialogische Wahrheit" genannt – eine Form der Wahrheit, die nur dadurch entsteht, dass Menschen miteinander reden und einander zuhören. Da kann man sich schon fragen, wie viel Vorgesetzte nicht erfahren, weil sie nicht hören und zuhören? Weil man ihnen aus Scheu oder Angst, Rücksicht oder Höflichkeit Dinge vorenthält? Hier kann eine Hierarchie, wie das Beispiel des Flugunglücks von Teneriffa gezeigt hat, den Keim des Wissens durch mangelndes Hören und fehlende Nähe zerstören. Ich will es vielleicht etwas drastischer sagen; wer nicht zuhört, verblödet. Wer nicht zuhört, lernt nicht. Kinder hören einfach zu, wie Du sagst. So lernen sie.

Pachomius, ein christlicher geistlicher Lehrer aus dem vierten Jahrhundert, beschreibt im Kapitel 28 der *Vita Pachomii* eine vertane Lernchance in einer Mönchsgemeinschaft. Der erst zwanzigjährige Theodorus wird aufgefordert, zu seinen Mitbrüdern zu sprechen. Er „verkündete ihnen vieles, was zum Nutzen diente. Einige von den bejahrteren Greisen beobachteten, was geschah, und wollten ihn nicht hören; sie sagten zueinander: ‚Da uns dieser Anfänger belehren will, so wollen wir nicht auf ihn hören.' Sie verließen die Versammlung, und jeder ging in seine Zelle." Pachomius beklagt diese vertane Lernchance als Ausdruck von Hochmut. Hier wurde eine Gelegenheit geschaffen und nicht genutzt.

Zuhören ist, wie ich angedeutet habe, auch eine Frage von Rahmenbedingungen und Gelegenheiten. Ins 21. Jahrhundert hinein gesprochen: Gibt es die regelmäßige, niederschwellige Sprechstunde? Gibt es Zusammenkünfte, in denen man einander zuhören kann? Gibt es hinreichend Stille in einem Betrieb? Gibt es Raum für die Stimme der Betroffenen? Haben die Introvertierten, die eher scheuen und stillen Menschen, die echte Möglichkeit, gehört zu werden?

Das ist durchaus auch eine Frage der Architektur. Ist das Gebäude so gebaut, dass Zuhören erleichtert und ermöglicht wird? Wie steht es um den akustischen Raum? Im Rahmen der Aktionen zur Europäischen Kulturhauptstadt Linz 2009 gab es auch ein Projekt gegen Zwangsbeschallung. Wie ist der Geräuschpegel in einem Betrieb? Wird in eine „inklusive Akustik" investiert? Peter Androsch (Projekt „Hörstadt") hat ein „Akustisches Manifest" verfasst, das 2009 im *Figaro*, der *FAZ* und dem *Standard* veröffentlicht wurde. Hier finden sich Sätze wie: „Schall ist die neue Waffe der Macht", und der Gedanke, dass der Mensch das Recht darauf hat, durch das, was in sein Ohr eindringt, nicht krank zu werden und mitbestimmen zu können, was in sein Ohr eindringt. Hier wird „Hören" untrennbar mit „Macht" verbunden.

Du warst mit deiner siebenjährigen Tochter im Wald und hast einfach zugehört, was es zu hören gibt. Wenn Du an das

Krankenhaus denkst, in dem Du arbeitest – was hörst Du, wenn Du nur hörst? Die Frage ist weniger trivial, als sie klingt.

Und nun drehe ich den Spieß noch einmal um: Menschen mit Führungsverantwortung erwarten, dass man ihnen zuhört. Autorität kann sogar definiert werden als die Macht, Menschen zum Zuhören zu bringen. Damit dir Menschen (gerne) zuhören, musst du auch etwas zu erzählen haben und die Kunst des Erzählens beherrschen. Ich würde ja bei einem Vorstellungsgespräche, bei dem es um die Besetzung einer Schlüsselposition geht, sagen: „Erzählen Sie eine Geschichte." Ärztinnen und Ärzte brauchen diese Erzählfähigkeit, weil sie ja ihren Patientinnen und Patienten erzählen müssen, wie es steht und was geschehen wird. Menschen mit Führungsverantwortung müssen Geschichten über den Betrieb, die Einrichtung, die Organisation erzählen können; spannende Geschichten über das, was war, was ist, was sein wird und sein könnte.

Der Satz, „Ich höre Dir gerne zu!", ist ein großes Kompliment. Es wäre doch schön, wenn wir denjenigen, die Macht haben, gerne zuhören.

Lieber Christian, erzähl mir eine Geschichte vom guten Zuhören. Sie kann durchaus mit dem Satz beginnen. „Es war einmal ..."

Danke,
Clemens

LIEBER CLEMENS!

Danke für Deinen bedenkenswerten Brief mit vielfältigen Aspekten zum Thema Zuhören. Vor Kurzem habe ich irgendwo gelesen, wir würden derzeit eine Renaissance des Hörens erleben. Die vielen erfolgreichen und viel gehörten Podcasts wären ein Indiz dafür. Die Menschen hätten die Überflutung mit Bildern und Tönen in den diversen sozialen Medien satt und würden sich wieder mehr nach der Intimität des selbstgewählten Zuhörens sehnen. Glaubst Du, dass dies so ist?

Du hast mich auch gebeten, eine Geschichte über gutes Zuhören zu erzählen. Mir ist da etwas zugefallen, und zwar die bewegende Geschichte einer Hörerfahrung. Kennst Du den englischen Konzertpianisten James Rhodes? Er wurde ab dem siebten Lebensjahr über mehrere Jahre hinweg von seinem Sportlehrer sexuell missbraucht. Die damit verbundenen traumatischen Erlebnisse haben bei James Rhodes ab dem 18. Lebensjahr zu einer fast zwei Jahrzehnte andauernden Krise aus Drogen, Suizidversuchen und Aufenthalten in psychiatrischen Kliniken geführt. Das Hören der Musik von Bach hat ihn ins Leben zurückgebracht. Er hörte als siebenjähriges Kind – mitten in der fürchterlichen Lebensphase des Missbrauchs – zufällig die *Chaconne* von Johann Sebastian Bach. In einem Interview der Wochenzeitung *Die Zeit* schildert er seine damalige Hörerfahrung: „Diese Musik war so unendlich tiefer als alles, was ich bis dahin gehört hatte. In dieser Musik war alles, jedes denkbare menschliche Gefühl. In ihr hat alles

Sinn, und in meinem Leben schien damals alles sinnlos. Also packte ich diese Musik und hielt sie fest, so fest ich nur irgend konnte. Sie war der Beweis, dass es Gutes in der Welt gibt. Die Welt konnte nicht nur böse sein, wenn diese Musik existiert." Daraufhin begann er intensiv Klavier zu spielen – bis zum 18. Lebensjahr, als die Wunden wieder aufbrachen. Ein Freund schmuggelte während seines Aufenthalts in einer psychiatrischen Klinik einen Ipod mit dem *Wohltemperierten Klavier* von Bach in sein Zimmer. Dieses Hören brachte den Willen zum Leben zurück. Heute hat er bereits fünf Alben als Pianist aufgenommen. Die Therapeuten haben ihm damals gesagt, er müsse einen sicheren Ort finden. Das Hören und Spielen von Musik wurde für ihn zum sicheren Ort. Mit der Musik von Bach hat für ihn ein Weg der Heilung begonnen; sie hat ihn mit einem Menschen der Barockzeit verbunden. James Rhodes sieht es nämlich so: J. S. Bach wurde mit neun Jahren Vollwaise, verlor später seine geliebte Frau, komponierte daraufhin inmitten der Trauerphase die *Chaconne*, und von seinen zwanzig Kindern wurden ihm zehn Kinder durch Krankheit und Tod genommen. Die meisten seiner Kantanten beginnen in Moll, enden aber in Dur. Der Schmerz scheint James Rhodes mit Bach zu verbinden, aber auch das Herausgehen aus dem Schmerz. Hören von Musik kann heilsam sein. Heutige Musiktherapie hat bei bestimmten Erkrankungen erfreuliche Erfolge zu verzeichnen.

Lieber Clemens, ist das nicht trotz dieser schrecklichen Kindheit eine auch berührend schöne Geschichte des Hörens? Kann nicht das Hören von schöner Musik eine Schule des Hinhörens und Zuhörens sein? Auch bezogen auf unsere Mitmenschen, Kolleginnen und Kollegen? Könnte nicht auch das gemeinsame Hören eines Konzertes und der darauf folgende

Austausch über das Gehörte eine mögliche Sensibilisierung in Bezug auf das Zuhören innerhalb eines Teams, einer Gruppe von Mitarbeitenden oder einer Organisation bewirken und verstärken.

Der deutsche Parlamentspräsident Wolfgang Schäuble – seit Jahrzehnten durch ein Attentat querschnittsgelähmt und ein Liebhaber barocker und klassischer Musik – hat einmal erklärt, Musik zu hören gehe für ihn nicht nebenher. Es bedeute ein zur Ruhe kommen, Fallenlassen und Versenken: „Es wird still in mir." Stille. Jetzt sind wir wieder bei der Stille. Wer wirklich zuhört, wird stille sein. Auch in ihm oder ihr wird es stille sein. Schön ist es, wenn Ober-, Unter- oder Zwischentöne gehört werden. In der Musik und beim Gegenüber. Der Norweger Erling Kagge, heute Autor, Verleger und Kunstsammler, hat als erster Mensch in der Geschichte den Nordpol, den Südpol und den Mount Everest erreicht. Er wanderte fünfzig Tage allein durch Schnee und Eis zum Südpol. Er schilderte wie er in der Stille und dem Alleinsein plötzlich die Fähigkeit erlangte, „viele Nuancen von Weiß" wahrzunehmen. Er schrieb damals in sein Reisetagebuch: „Zu Hause genieße ich nur die ‚großen Happen'. Hier unten lerne ich, die kleinen Freuden zu schätzen. Die Farbnuancen im Schnee. Den abnehmenden Wind. Die Wolkenformationen." (E. Kagge, *Die Stille. Ein Wegweiser*). Mich fasziniert die durch die Stille ermöglichte Wahrnehmung der Nuancen von Weiß. Der Philosoph Peter Bieri drückt in seinem Buch *Wie wollen wir leben?* einfach und klar aus, was auch ich mir wünsche: „[...] eine leisere Kultur, eine Kultur der Stille, in der die Dinge so eingerichtet wären, dass jedem geholfen würde, zu seiner eigenen Stimme zu finden. Nichts würde mehr zählen als das; alles andere müsste warten."

Aufmerksam Zuhörende sind still und führen nicht, während der gegenübersitzende Mensch spricht, schon eigene innere Zwiegespräche, um Lösungen für benannte Probleme sofort parat zu haben. Diese Lösungen werden wohl auch deshalb nie passen, weil das Gesagte letztlich nicht sorgfältig genug gehört und verstanden wurde. Stilles Zuhören ermöglicht, der Dialogpartnerin oder dem Dialogpartner die eigene Stimme zu finden und das Gedachte oder Gemeinte in passende Worte zu bringen. Wie viele Missverständnisse blieben uns erspart, wenn mit Interesse sowie emotionalem und sachlichem Verstehenwollen zugehört werden würde. Friedemann Schultz von Thun hat schon in den 1970er Jahren das Vier-Ohren-Modell des Zuhörens kreiert und in seinem Buch *Miteinanderreden. Kommunikationspsychologie für Führungskräfte* folgende Unterscheidung vorgenommen: Sach-Ohr: Was ist der Sachverhalt? Selbstkundgabe-Ohr: Was geht im Menschen vor? Beziehungs-Ohr: Was hält der Mensch vom Zuhörer?/Wie steht er zu ihm? Appell-Ohr: Was will er erreichen? Diese vielen Bedeutungsfacetten einer gehörten Aussage hast Du, lieber Clemens, mit Deinem Jahrbuchbeispiel dargestellt.

Ich weiß, Stille wird manchmal auch als bedrückend und unangenehm empfunden, aber wie beglückend kann die Erfahrung des Zuhörens sein, wenn in Gesprächen ein wenig Stille zugelassen und ausgehalten wird.

Lieber Clemens, das von Dir in einem Brief angesprochene Konzept des Servant Leadership finde ich beeindruckend. Robert K. Greenleaf hat dazu 1977 mit *Servant Leadership. A journey into the nature of legitimate power and greatness* ein meines Erachtens mehr denn je aktuelles Buch verfasst. Er verbindet die Begriffe „to lead" und „to serve" auf sehr überzeugende Weise und gibt in seinen Ausführungen betreffend

„The Servant as Leader" die Parole „listening first" aus: „One must not be afraid of a little silence." Mehr gibt es nicht zu sagen. Oder doch? Doch! Die Chefin oder der Chef sollte dem Mitarbeitenden vor einem Gespräch ein Getränk anbieten. Für mich gehört ein Espresso dazu. Der riecht so gut. Für manche wird es Tee sein oder einfach nur Wasser. Jedenfalls physische Präsenz der Gastfreundschaft. Das ist mir abgegangen bei den vielen Video-Meetings in der Corona-Klausur: Das Geräusch der Kaffeemaschine und das gemeinsame an der Tasse nippen. So hat ein Gespräch gute Voraussetzungen: Etwas konkret Wahrnehmbares anbieten.

„Höre ..., neige das Ohr Deines Herzens ..." – mit einer Aufforderung, aufmerksam zuzuhören, beginnt eine der ältesten Regeln für Gemeinschaftsleben in der europäischen Geschichte. Sie wurde vom Gründer der Mönchsgemeinschaft der Benediktiner Benedikt von Nursia (heute: Norcia/Italien) im 6. Jahrhundert erstellt und enthält viele auch heute noch bedenkenswerte Weisheiten für das Leben. Sie beginnt deshalb nicht ohne Grund mit dem Hören. Lieber Clemens, Du hast darauf hingewiesen, wie viel Führungskräften an Wissen und Knowhow entgeht, wenn Sie nicht fähig oder bereit sind, ihren Mitarbeitenden zuzuhören. Im guten Hinhören liegt die Zukunft – auch von Organisationen und Firmen. Benedikt empfiehlt deshalb, der Abt (= Chef des Klosters) solle besonders die Jungen hören, „weil der Herr oft einem Jüngeren offenbart, was das Bessere ist". (Benediktregel Kapitel III) Franziskus von Assisi bittet in einem der ihm zugeschriebenen Gebete um die Gabe, „eher verstehen zu wollen als selbst verstanden zu werden". Der Siemens-Vorstand Heinrich von Pierer hat einmal treffend formuliert: „Wenn Siemens wüsste, was Siemens weiß." Wie ginge das? Zuhören wäre ein guter Anfang ...

Lieber Clemens, Deiner Frage nachgehend, was ich im Krankenhaus höre, wenn ich einfach nur höre, setze ich mich in die Eingangshalle und höre: den Rettungswagen mit Horn; Hüsteln der Wartenden; freundliche Stimmen der Mitarbeitenden, die Patienten informieren; leises Klagen über Schmerzen; den Gong mit dem Aufscheinen der Nummer, wer als nächster dran ist; freudige Laute bei der Begrüßung einer genesenen Patientin, die von ihren Lieben abgeholt wird ... Und: Ein Diakon und Mitglied unserer Krankenhausseelsorge erzählt mir von einer berührenden Begegnung. Ein neunzigjähriger Mann saß mit gekrümmtem Rücken, hängendem Kopf und bedrücktem Gesichtsausdruck in seinem Bett. Der Diakon sprach ihn an und hörte über eine Stunde zu. Es war die Geschichte eines langen Lebens mit allen Nuancen von Leid und Glück. Es ist sein Leben, das Leben dieses neunzigjährigen Mannes. Am Ende des Gesprächs oder besser seiner Lebensaussprache saß der Mann aufgerichtet und lächelnd in seinem Bett. Er hat die Erfahrung mitfühlendem und interessiertem Zuhörens gemacht und dabei die Fülle seines Lebens neu entdeckt oder diese im Erzählen erstmals erstaunt festgestellt – und vielleicht Dankbarkeit empfunden. Schön ist das, schön wäre das. Auch eine Geschichte vom Zuhören.

Herzlich

Christian

2. VON DER KUNST DES GESPRÄCHS

LIEBER CLEMENS!

Von der Kunst des Gesprächs zu schreiben, ist irgendwie eigenartig. Weil Schreiben ja nicht Sprechen ist. Ich denke an Dich und stelle mir einfühlend vor, wie Dich meine Worte erreichen könnten. Das ist wichtig, weil ich mit Dir korrespondiere und es mir wichtig erscheint, dass Du nachvollziehen kannst, was ich Dir mitteilen möchte. Das ist Schreiben.

Ein Gespräch ist etwas anderes; da sind zwei Menschen in einer Gleichzeitigkeit anwesend. Im Gespräch zu sein, ist für Menschen unersetzbar. Lieber Clemens, ich bin am Land aufgewachsen und dort galt der Spruch: „Beim Reden kommen d' Leut zusammen." In meiner Erinnerung saß mein Großvater oft auf der Bank vor dem Haus und Leute kamen vorbei, stellten sich an den Zaun und teilten das eine oder andere Wort mit ihm. Manche setzten sich auf Einladung des Großvaters sogar zu ihm und das Gespräch wurde im Sitzen weitergeführt. Die Sitzbank vor dem Haus war in meiner Erinnerung so etwas wie eine Kommunikationsdrehscheibe unserer Straße und unserer Gegend. Mein Großvater las die Zeitung, aber Telefon gab es keines im Haus. Nur der Nachbar hatte eines. So war das Sitzen vor dem Haus jene Möglichkeit, Neues zu erfahren und zu vernehmen wie es dieser oder jener Person ging und was sich so im Dorf tat. Jeden Sonntag waren wir bei Onkel und Tante zum Kaffee eingeladen. Wir spazierten hin.

Die Erwachsenen vertieften sich den ganzen Nachmittag ins Gespräch. Wir Kinder spielten im Hintergrund einer Gesprächskulisse. Der Verlauf der Woche gab genug Material her für das Gespräch am Sonntag. Es wirkte jedenfalls niemals fad. Ich erinnere mich auch daran, wie lange die Menschen nach dem sonntäglichen Gottesdienst vor der Kirche in Gruppen zusammenstanden und im Gespräch verweilten. Irgendwie fühlte ich als Kind, dass das Miteinandersprechen für das gute Miteinander im Dorf und eine funktionierende Gemeinschaft wichtig war. Zellen des Gesprächs spannten ein gutes Netz für die Menschen im Dorf.

Ein Gespräch führen zu können, gehört zur Grundausstattung des Menschseins. Die alten Griechen nannten den Menschen das worthabende Tier und ein soziales Wesen. Gemäß der jüdisch-christlichen Tradition erschuf Gott die Welt durch das Wort. Die worthafte Struktur ist damit der Welt eingezeichnet. Im Prolog des Johannesevangeliums heißt es: „Und das Wort ist Fleisch geworden […]" Die Gesprächsfähigkeit und -notwendigkeit gehören zur Grundausstattung des Menschen. Kaiser Friedrich wollte im Mittelalter die Ursprache erforschen und machte aus diesem Grund ein Experiment mit Säuglingen. Die sie umsorgenden Hebammen durften nicht mit ihnen sprechen. So hoffte er herauszufinden, welche Sprache im Menschen selbst liegt, wenn sie keine andere kennenlernen konnten. Allein die Säuglinge starben, obwohl sie mit allem sonst Lebensnotwendigen versorgt wurden – außer der Ansprache. Das Angesprochenwerden ist also für den Menschen überlebenswichtig. Das grausame Experiment Kaiser Friedrichs hat gezeigt, dass der Mensch ohne Gespräch nicht leben kann. Kinder lernen, indem man mit ihnen ins Gespräch kommt und mit ihnen in einen Dialog tritt.

Lieber Clemens, wie beglückend ist doch das Geschenk, die Erfahrung eines guten Gesprächs zu machen. Wenn wir in ein Gespräch vertieft sind, vergessen wir meist die Welt um uns herum. Wir sind vom Inhalt des Gesprächs und vom Gegenüber ganz eingenommen. Gespräch fordert leibliche Präsenz. Unser Körper gibt die Orientierung, wo wir sind. Auch wenn der Geist öfter umherschweift und vielleicht woanders ist, hilft uns der Körper, der ja ganz da ist, in der Gegenwart anzukommen und zu sein. Auch das Gegenüber des Gesprächs ist leiblich da. Die Worte im Gespräch werden interpretiert, unterstrichen und begleitet von Mimik und Gestik. Wir merken im Blick des anderen, ob er im Gespräch bei uns ist oder nicht. Wir kennen intuitiv die Gesten und den Gesichtsausdruck von Langeweile und Abwesenheit. Es gibt nichts Irritierenderes und vielleicht auch Kränkenderes, wenn wir dem anderen im Gespräch etwas Wichtiges, für uns Bedeutendes mitteilen wollen und der andere ist einfach nicht da bei uns …

Neben der räumlichen und geistigen Präsenz ist Zeit ein wichtiger Faktor für ein Gespräch. Nur Menschen, die Zeit schenken, werden die Erfahrung eines guten Gesprächs machen dürfen. Freilich können auch manche kurzen Begegnungen bezogen aufs Gespräch als gelungen erscheinen. Wer sich aber auf den Gesprächsinhalt und sein Gegenüber wirklich einlassen will, braucht Zeit. Ein Gespräch lässt sich nicht vom Zaun brechen, sondern entfaltet sich mit und in der Zeit. Ein Gespräch nimmt seinen Lauf und vertieft sich, beide Gesprächspartner sind mittendrin und vergessen die Zeit und die Welt um sie herum. Oft endet ein Gespräch mit dem Ausspruch: „Jetzt haben wir ganz die Zeit übersehen! Ich muss noch da oder dort hin, ich hab noch etwas vor, aber es gäbe noch so viel zu erzählen … Wir machen uns was aus."

Lieber Clemens, ein gutes Gespräch lebt von der Sprache. Es hängt viel daran, ob es den Gesprächsteilnehmenden gelingt, das, was sie sagen wollen, adäquat zur Sprache zu bringen. Das klingt banal, ist es aber nicht. Jeder von uns kennt die Erfahrung, in einem Gespräch um passende Worte zu ringen oder das rechte Wort zu suchen. Ein gutes Gespräch braucht die Anstrengung der Sprache. Die Sprachfähigkeit von Gesprächspartnern kann unterschiedlich ausgeprägt sein. Wie schön ist es zu erleben, wenn in einem Gespräch ein Sprechbegabter dem Dialogpartner hilft, das rechte Wort zu finden oder dem anderen durch Nachfrage hilft, für sich die Dinge auf den Punkt zu bringen. Bei wichtigen und existenziellen Angelegenheiten sollten wir einander nicht erlauben, ein schlampiges Gespräch zu führen – das ist so trostlos. Formulieren kann Freude schenken und erweitert den Horizont. Gute Lektüre kann helfen, in den Gesprächen des Alltags plastischer zu werden und andere mit Sprache zu erfreuen. Eine tägliche Übung: Einen Beitrag für ein gutes Gespräch zu leisten. Ein gutes Gespräch, viele gute Gespräche stärken die menschliche Zivilisation. Das Interesse aneinander und der Welt wird wachgehalten. Im Zeitalter der digitalen Kommunikationsmittel gibt es auch den Gegentrend, nämlich vermehrt „off" zu gehen, um einander voll Aufmerksamkeit physisch zu begegnen und miteinander im Gespräch zu bleiben. Das ist ein guter Trend. Besonders bedeutsam ist, wenn Eltern mit ihren heranwachsenden Kindern viel sprechen. Gute Gesprächserfahrungen stärken die Heranwachsenden, selbst das Gespräch zu suchen und mit ihren Mitmenschen im Gespräch zu bleiben – das alles als gute Ergänzung zur digitalen Kommunikation.

Lieber Clemens, vor Kurzem habe ich gelesen, dass ein Hauptfaktor für den Wunsch zu sterben, Einsamkeit ist. Ein gutes Gespräch ist beste Medizin gegen Einsamkeit und hält uns im Leben. Eine Gesellschaft, die miteinander im Gespräch bleibt, wird auch eine fürsorgende Gesellschaft sein und bleiben, in der Menschen hilfreich aufeinander schauen.

Was ist noch wichtig für die Kunst des Gesprächs?

Herzliche Grüße

Christian

LIEBER CHRISTIAN,

wie wahr, wie wahr – ein gutes Gespräch nährt die Seele, zeigt Respekt, erweitert den Horizont, stiftet Verbindung. Gutes Führen bedeutet: Sich Zeit zu nehmen für die Gespräche, die anstehen. Wenn ein Mensch mit Führungsverantwortung sagt: „Meine Tür ist immer offen", so ist das wohl nicht wörtlich gemeint, will aber sagen: Ich kann Räume für Begegnung und Gespräch schaffen, wenn es notwendig ist. Und die Hemmschwelle, bei einem Vorgesetzten um einen Gesprächstermin anzusuchen, sollte möglichst gering sein.

Ein gutes Gespräch hat mit Zuhören zu tun – über Carl Rogers haben wir uns schon einmal unterhalten –, aber auch mit dem Dialogischen, Tänzerischen des Gesprächs. Ich habe während der Pandemie einen theologischen Briefwechsel mit einem lieben Freund, Professor Steve Bevans, geführt; veröffentlicht wurde unser Schriftverkehr unter dem Titel *Does God Love the Coronavirus?* Ausgangspunkt war – wie der Titel schon verrät – die Frage, ob Gott das Corona-Virus liebt. Und dann sind wir in einen Dialog eingetreten, den Steve Bevans als „theologischen Tanz" bezeichnet hat. Man muss gut auf die Bewegung des Gegenübers achten, wenn das Tanzen eine gewisse Anmut haben soll. So verlangt ein gutes Gespräch nicht nur Rücksichtnahme und genaues Hinschauen, sondern auch eine innere Beweglichkeit. Das Ergebnis eines Gesprächs sollte eben nicht schon vor dem Gespräch feststehen. Es ist auch Zeichen eines guten Gesprächs, wenn es überraschen kann, wenn es mir ein Wort und einen Gedanken gibt, den ich mir selbst nicht geben kann.

Natürlich hat ein Gespräch seinen Preis; das macht es auch wertvoll. Der Preis des Gesprächs ist die Zeit, die einzusetzen ist. Und Zeit ist vielfach ein knappes Gut. Bei manchen komplexen Angelegenheiten reicht ein Gespräch nicht aus, es braucht mehrere Gesprächsrunden. Und das kostet Zeit.

Verkürzte oder verweigerte Gespräche mögen Zeit sparen, aber das kann fatales Sparen am falschen Ort sein. Ein tragisches Beispiel missglückter Gesprächskultur waren die Friedensgespräche in Arusha 1992/1993, die zwischen der Regierung Ruandas und der Ruandischen Patriotischen Front geführt wurden. Das Friedensabkommen war halbherzig, konnte den Völkermord in Ruanda (April–Juli 1994) nicht verhindern. David Rawson, ein amerikanischer Diplomat, der zwischen 1993 und 1996 US-Botschafter in Ruanda war, führt Mangel an Gesprächskultur und Mangel an der harten Arbeit des Zuhörens und Verstehens als Gründe für die gescheiterten Friedensbemühungen an. Die westlichen Diplomaten und Mediatoren verstanden den lokalen Kontext nicht und boten die Standardinstrumente auf, ohne die geschichtliche Komplexität des Kontexts zu verstehen. Die eigene Erfahrung mit moderner Demokratie wurde als Bezugspunkt genommen, sodass das Ergebnis des Gesprächs (stabile Demokratie nach westlichem Vorbild) von vornherein feststand. Dadurch konnte die komplexe Kolonialgeschichte nicht berücksichtigt werden; die belgische Kolonialregierung hatte in den frühen 1930er Jahren Identitätskarten eingeführt und damit einstmals amorphe und auch durchlässige Kategorien („Hutu", „Tutsi") zu verhärteten Identitätsmarkern gemacht, wörtlich zu Fragen von Leben und Tod. Diese geschichtlich tief verwurzelten, zu Entzweiung und Misstrauen führenden Identitätszuschreibungen wurden in den Gesprächen nicht entsprechend herausgeschält und bearbeitet.

Dieses Beispiel zeigt, dass ein gutes Gespräch nicht nur kognitive Anteile hat, sondern auch affektiv engagiert ist. Es geht um ein Verstehen auf vielen Ebenen. Und das wiederum bedeutet, dass ein echtes Gespräch nicht nur ein Informationsaustausch oder ein Austausch von Positionen ist, sondern eine Begegnung. Das setzt Interesse am Gegenüber voraus – und die oben angesprochene Beweglichkeit in der Gesprächsführung zeigt sich auch darin, dass jemand, der die Kunst des Gesprächs versteht, mit den unterschiedlichsten Menschen mühelos in ein Gespräch treten kann. John Henry Newman hat seinerzeit in seinem berühmten Buch *Die Idee der Universität* die Idee formuliert, dass ein gebildeter Mensch mit Menschen jeglichen Berufsstandes und Hintergrunds ins Gespräch treten kann. Die Mühelosigkeit des Gesprächs ergibt sich außerdem aus einer gewissen Empathiefähigkeit und dem Vermögen, in der Welt des Anderen Wichtiges zu erkennen oder auch wiederzuerkennen.

Es gab eine legendäre Radiosendung in den USA, die Sendung „On Being". Dabei handelte es sich um eine Reihe von einstündigen Gesprächen, die die Journalistin Krista Tippett mit unterschiedlichsten Gesprächspartnern führte. Bei jedem ihrer Gespräche zeigte sich Tippett an der Biographie und Lebensweisheit ihres Gegenübers interessiert. Es war erstaunlich – auch für die Gesprächspartner selbst! –, in welche Richtung das Gespräch, zu welchem Ende und zu welchem Ergebnis der Dialog schlussendlich führen konnte. Hier zeigt sich die gute sokratische Methode, durch gutes Fragen und gutes Zuhören Inhalte aus einer Person „herauszukitzeln", von der die Person explizit nichts wusste. So zeigt ein gutes Gespräch, „was in einem Menschen steckt".

Ein Gespräch mit einer Kollegin oder einem Kollegen im Rahmen von Führungsarbeit ist kein Interview und auch kein sokratischer Dialog, verlangt aber doch ähnliche Kunstfertigkeiten. Menschen wollen gehört werden; das ist mitunter mindestens ebenso wichtig wie das erzielte Resultat. Ungerechtigkeit anzuhören ist manchmal nicht weniger wichtig, als Gerechtigkeit herzustellen. Der langjährige Rektor der Universität Salzburg, Heinrich Schmidinger, hat die Universität fast zwei Jahrzehnte lang vor allem durch das Gespräch geführt; neben den vielen Gesprächen in seinem Büro war er wohl auch bei sämtlichen Mittagessen und Abendessen in Gespräche vertieft, hatte tatsächlich das Ohr an den Nöten und Anliegen der Mitarbeiterinnen und Mitarbeiter quer durch alle an der Universität Salzburg vertretenen Berufsgruppen.

Vittorio Hösle hat ein lesenswertes Buch über den Dialog in der Philosophie geschrieben. Ein gelungener Dialog ist ein Kunstwerk, hat eine Mitte, um die er kreist, weiß die Gesprächspartner im Dienst an der Sache, zeigt hohe sprachliche Kunst und Artikulationsvermögen, ehrt Argumente, berücksichtigt viele Gesichtspunkte, bietet überraschende Wendungen und stellt Zusammenhänge her, die nicht auf den ersten Blick ersichtlich sind. Kognitive und affektive Momente, wie oben schon angedeutet, kommen zusammen.

Wiederum gilt: Gespräche im Rahmen von Führungsarbeit sind kein philosophischer Dialog, aber wenn es sich bei diesen Gesprächen um einen Dialog handelt, der auf Respekt aufgebaut ist, dann ist schon viel erreicht. Die Gesprächsanteile sollten jedenfalls so verteilt sein, dass die Person mit Führungsverantwortung eher weniger als mehr Anteile hat. Ich erinnere mich an eine Einsicht von Dan Coyle, nachzulesen in *The Talent Code*, dass gute Führung mit vielen, aber jeweils kurzen Interventionen zu tun hat, und nicht mit langen Monologen bei wenigen Gelegenheiten.

Mich würde, wie immer, Deine Erfahrung mit Gesprächen interessieren. Als Geschäftsführer eines Krankenhauses führst Du ja Gespräche „ad intra" und „ad extra", mitunter mit Menschen, für die Du verantwortlich bist, manchmal mit Menschen, die Dir vorgesetzt sind, mit Außenstehenden, mit Menschen, die Du gut kennst und mit Menschen, die Du gar nicht oder kaum kennst. Da kann man dann weiter nachdenken über die Kunst des ersten Gesprächs oder auch darüber, dass es in manchen Gesprächen um sehr viel geht, um das Ganze sozusagen, manchmal sind es Kleinigkeiten. Nicht jedes Gespräch muss „Big Talk" sein, da hat auch der mühelose Small Talk seinen Raum – und auch das Schweigen und die Pause, denn ein gutes Gespräch ist nicht nur Sprache, sondern Sprache und Stille. So wie ein gutes Gespräch mit einer Schwelle, über die man sich bewegt, beginnt und mit einer solchen Schwelle endet. Da kann man sich Anleihen nehmen von den Anleitungen zum Gebet, zum „Gespräch mit Gott", wo es auch um die rechte Vorbereitung geht. Man fällt eben nicht mit der Tür ins Haus. Auch die gastfreundliche Tür öffnet sich langsam und lässt den Besucher über eine Schwelle ein.

Herzliche Grüße

Clemens

LIEBER CHRISTIAN,

von der Gesprächskunst zu reden, bedeutet, das Gespräch als eine Begegnung zu sehen, die schöpferische Kraft verlangt, geübt und eingeübt werden kann, Meisterinnen und Meister des guten Gesprächs kennt.

Es ist wohl auch Teil dieser Kunst, mit Differenzen gut leben zu können. Mir fällt dazu ein Gedanke von Zali Gurevitch ein. Er ist ein amerikanisch-israelischer Sozialwissenschafter, der einmal Zeuge war, wie tiefreligiöse und nichtreligiöse Menschen miteinander ins Gespräch kamen und das Gespräch nicht gut verlief. Eine Frau, die mit Religion nicht viel anfangen konnte, sagte entnervt zu ihrem religiösen Gegenüber: „Sie sind mir sympathisch, ich fühle mich Ihnen auch nahe, aber ich verstehe Sie einfach nicht." Gurevitch nahm dies zum Anlass, um über die Idee nachzudenken, dass es neben der Fähigkeit, jemanden zu verstehen, und der Unfähigkeit, jemanden zu verstehen, auch so etwas wie eine Fähigkeit brauche, nicht zu verstehen. Es ist tatsächlich eine Fähigkeit, einen Menschen nicht zu verstehen, nicht den Impuls zu verspüren, recht zu haben, der Versuchung zu widerstehen, den anderen zu missionieren, den Drang zu kontrollieren, gemeinsamen Boden aufzubauen. Es kann eine besondere Form des Respekts sein, jemanden auf aufrichtige Weise nicht zu verstehen. Dieses Nichtverstehen kann dann neue Formen der Begegnung eröffnen. So können sich Dinge ganz anders darstellen, was zur Fruchtbarkeit des Gesprächs beiträgt.

Fruchtbarkeit kann sich im Gespräch auch dadurch zeigen, dass man die Fragen ändert. Marilee Adams ist durch die Einladung, die Fragen zu ändern, bekannt geworden; ihr Bestseller trägt den bezeichnenden Titel *Change Your Questions, Change Your Life*. Sie geht von der Kraft des Fragens aus und unterscheidet zwischen dem urteilenden und dem lernenden Weg. Dabei lädt sie Menschen ein, von einer engen (ver)urteilenden Geisteshaltung zu einer offenen und lernenden Geisteshaltung zu gelangen. Anstelle der Frage, „Wessen Schuld ist es?", soll die Frage, „Was ist möglich?", treten, um nur ein Beispiel zu nennen. Selbst wenn dieses Buch in manchem dem Klischee des amerikanischen Bestsellers entsprechen mag (sogenannte „Flughafenliteratur"), so ist der Punkt des geänderten Blickwinkels doch zu beachten. Gutes Führen zeigt sich in Einladungen, die Dinge anders zu sehen.

Man könnte beispielsweise zwischen zwei Arten, Argumente in ein Gespräch einzubringen, unterscheiden: positionales Argumentieren und gemeinwohlorientiertes Argumentieren. Im ersten Fall spricht man aus einer klaren Position heraus, die man im Gespräch repräsentiert – die Betriebsrätin, der Arbeitgebervertreter, die Repräsentantin der Ärztinnen und Ärzte. Die Situation wird beim positionalen Argumentieren aus Sicht der jeweiligen Gruppe betrachtet. Das hat zweifelsohne seinen Wert, vor allem wenn viele verschiedene Gruppierungen vertreten sind; wenn dies nicht der Fall ist, sollten wir Anstrengungen unternehmen, die Repräsentationskonstellation zu ändern bzw. die Frage stellen, wie eine bestimmte Gruppe gut vertreten sein kann. Mir hat neulich eine Politikwissenschafterin gesagt, dass im österreichischen Parlament keine Arbeiterinnen und Arbeiter mehr vertreten sind; kein/e Nationalratsabgeordnete/r komme mehr aus dem

Arbeiterstand. Hier kann man sich fragen, was das für die Repräsentation dieser Berufsgruppe bedeutet. Positionales Argumentieren von einem klaren Interessenspunkt aus ist hilfreich, weil hier glaubwürdig und erfahrungsgedeckt Interessen einer bestimmten Perspektive eingebracht werden.

Von diesem positionalen Argumentieren will ich eine zweite Form des Argumentierens unterscheiden, die ich gemeinwohlorientiert nenne. Hier wird mit Blick auf das Ganze argumentiert, nicht aus Sicht des größten Wohls einer bestimmten Gruppe. Die Grenzen positionalen Argumentierens liegen auf der Hand, etwa, wenn man an Nachhaltigkeit und die Frage der ökologischen Integrität denkt oder auch an die Frage, wie die Interessen nichtrepräsentierter Gruppen berücksichtigt werden können. Ich erinnere mich, wie ich einmal als Vertreter des akademischen Mittelbaus an einer Sitzung teilnahm, an der ich die Interessen des Mittelbaus wahrzunehmen hatte. Während der Sitzung wurde mir klar, dass an einem bestimmten Punkt des Gesprächs unsere Interessen in Hinblick auf wichtige Gesichtspunkte des Universitätsbetriebs – vor allem in Hinblick auf wissenschaftliche Qualität und das Wohl der Studierenden – nicht vereinbar waren. Das war ein Aha-Moment.

Es ist meines Erachtens eine der Hauptaufgaben von Führungsarbeit im Gespräch, zu gemeinwohlorientierter Argumentation einzuladen und selbst eine solche zu verfolgen. Führungsarbeit bedeutet: langfristiger Blick aufs Ganze.

Dieser Blick kann zu Klarheit führen. Dieser Blick kann auch bei schwierigen Gesprächen helfen. Schwierige Gespräche sind Gespräche, bei denen es um vieles geht und bei denen sich keine schmerzfreie Lösung abzeichnet. Hier hilft der Blick auf das Ganze als Quelle von Argumenten und Gesichtspunkten – bei gleichzeitiger Kommunikation echter Wertschätzung und dichter Kenntnis des Geschehens. Wenn wir uns das Gespräch, das Gott im dritten Kapitel des Buches Exodus führt, vergegenwärtigen, so kann das tatsächlich als Musterbeispiel eines schwierigen Gesprächs gelten: Durch den brennenden Dornbusch wird eine besondere Umgebung geschaffen (ein schwieriges Gespräch muss in einer geeigneten Umgebung stattfinden), Gott ruft Mose beim Namen, nimmt ihn in seiner Einzigartigkeit wahr; Gott macht klar, dass er die Situation des Volkes kennt (Exodus 3,7: „Ich habe das Elend meines Volkes in Ägypten gesehen und ihre laute Klage über ihre Antreiber habe ich gehört. Ich kenne ihr Leid"). Gott teilt ihm seinen Plan mit („Ich bin herabgestiegen, um sie der Hand der Ägypter zu entreißen") und gibt Mose einen für Mose unangenehmen Auftrag, der sein ganzes Leben umkrempelt (Exodus 3,10: „Und jetzt geh! Ich sende dich zum Pharao. Führe mein Volk, die Israeliten, aus Ägypten heraus!"). Mose wehrt sich, Gott gibt sich ihm aber noch tiefer zu erkennen und gibt ihm einen klaren Auftrag („Geh, versammle die Ältesten Israels […] Wenn sie auf dich hören, so geh mit den Ältesten Israels zum König von Ägypten"). Das ist ein gewichtiges, aber auch schwieriges Gespräch, das mit Blick auf das Wohl des ganzen Volkes argumentiert und Mose dazu einlädt, anstelle seiner positionalen Argumentation („Wer bin ich, dass ich zum Pharao gehen und die Israeliten aus Ägypten herausführen könnte?") im Sinne des Gemeinwohls zu denken und die Dinge wahrzunehmen.

Ein gutes Gespräch schafft Klarheit, selbst wenn diese kurzfristig unangenehm ist. Wir hatten zehn Jahre lang an der Universität, an der ich arbeite, einen Dekan, der einen exzellenten Ruf hatte; dieser Ruf hatte wesentlich mit seiner

Fähigkeit zu tun, klar zu sein und Klarheit zu schaffen. „Man weiß, wo man bei ihm dran ist", „Er sagt dir klar, was geht und was nicht geht", waren Sätze, die ich öfters über ihn gehört habe. Klarheit ist ein hohes Gut; es kann durch klare Werte und klare Prioritäten hergestellt werden. Wenn das Ziel klar ist, ist es möglich, Klarheit über die zu wählenden Werkzeuge zu vermitteln.

Gesprächskunst als Kunst erschöpft sich nicht in Strategie. Jedes gute Gespräch fällt letztlich zu, ist Geschenk. Mich erinnert das an ein kleines Buch von Peter Handke, *Versuch über den geglückten Tag*. In diesem Essay überlegt sich Handke, was einen geglückten Tag ausmacht. Wir alle haben ein Gefühl dafür, wann ein Tag geglückt ist. Es lässt sich aber weder planen, dass ein Tag gelingt, noch kann man immer genau ausdrücken, woran es liegt, dass ein Tag gelungen oder eben nicht so gelungen ist. Wenn man an eine Reihe von Urlaubstagen denkt, die einander weitgehend ähneln, kann es dennoch sein, dass ein Tag gelungen scheint, ein anderer nicht. Ähnliche Überlegungen kann man in Bezug auf ein gutes, ein gelungenes Gespräch anstellen.

Lieber Christian, Du schreibst von Deinem Großvater, der oft auf der Bank vor dem Haus gesessen ist und mit den Vorbeikommenden ins Gespräch trat. Manches Gespräch war wohl gelungen, manches weniger, manches vielleicht gar kein echtes Gespräch. Wie würde Dein Essay *Versuch über das geglückte Gespräch* aussehen?

Herzliche Grüße

Clemens

LIEBER CLEMENS!

Danke für Deine zwei Briefe über das Gespräch. Sie beinhalten wichtige Aspekte zum Thema Gespräch. Du fragst mich nach meinen beruflichen Erfahrungen von Gesprächen. Der Gesundheitsbereich, in dem ich tätig bin, hat ja ganz viele Gesprächsebenen. Eine betrifft die Ebene von Politik. Der Gesundheitsbereich ist hochpolitisch, geht es ja bei der Gestaltung eines zukunftsfähigen Gesundheitssystems immer auch um politische Entscheidungen. Dabei sind intensive Gespräche mit allen Trägern und Expertinnen und Experten des Gesundheitssystems eines Landes nötiger Standard. Es geht um Abwägungen, Klärungen und das Entwickeln guter Entscheidungen. Dabei darf der Blick auf die Bevölkerung nie verloren gehen. Gerade die Corona-Pandemie hat uns hier an die Grenzen der Gesprächsfähigkeit geführt. Was hier in den Parlamenten geschimpft, angeklagt und beschuldigt wurde, war erschreckend. Es wurde scheinbar zu selten miteinander, als vielmehr bewertend übereinander gesprochen. Keiner konnte von sich behaupten, den Überblick in dieser Krise zu haben, noch dazu zu einem Zeitpunkt, wo noch keine geeigneten medizinischen Therapiemöglichkeiten vorlagen. Es waren seitens der Regierung tastende Versuche, die Krise zu bewältigen. Dazu kam die Fülle an Experten und Fachleuten, die täglich in den Medien auftraten und kommentierten. Die oppositionellen Parteien schienen manchmal die Krise als Chance zu sehen, Wählergunst zu erlangen. Die regierenden Parteien schienen manchmal die Fachexpertise, die auch in anderen Parteien zu finden war, weder berücksichtigen noch in Entscheidungsabwägungen einbauen zu wollen. Wenn Politikerinnen und Politiker sich öffentlich diskreditieren und beschimpfen, ist dies in einer so schwerwiegenden Krise, wie es die Corona-Pandemie war, kein konstruktiver Beitrag zu einer zu deren Bewältigung nötigen Debattenkultur. Demokratie braucht eine vitale Gesprächskultur. Gute Politik lebt von qualitätsvollen Gesprächen. Das ist auch zu lernen. Deshalb, lieber Clemens, plädiere ich – bezogen auf die Stärkung von Demokratie – für Berufspolitikerinnen und Berufspolitiker. Quereinsteigende in die Politik können innovatorisch oder anregend wirken, reichen aber für nachhaltige demokratische Entwicklungen auf Dauer nicht aus. Mit Max Weber gesprochen ist „Politik als Beruf" eine Aufgabe, die zu lernen ist und in die man hineinwachsen kann. In weiteren Abwandlungen ist für mich „Demokratie als Beruf" am passendsten mit „Gespräch als Beruf" zu übersetzen. Was denkst Du dazu?

Die vom Medienwissenschaftler Bernhard Pörksen benannte „Diskursverwilderung" wird heute oft rasch mit der fatalen Wirkung von Social Media in eine Kausalität gebracht. Das halte ich für verkürzt. Natürlich leben wir im Kontext dieser digitalen Informations- und Diskursmöglichkeiten. Natürlich werden wir durch das Netz ungemein rasch und in einer Überfülle mit Inhalten und Wahrheiten konfrontiert, die sich nicht selten einer verlässlichen Seriositätsprüfung entziehen. Schwierig wird es zudem auch, wenn zwischen Meinung, Bewertung und fachlich seriösen Inhalten nicht mehr unterschieden werden kann und Menschen sich mit einem absolut scheinenden Wahrheitspathos in die Diskussion werfen, wo es bestenfalls um Bestätigungsvorgänge und nicht mehr um kritische Prüfung geht. Diese Kontexte bezogen auf die Gesprächsfähigkeit von Menschen zu berücksichtigen, ist klug. Jemanden aber als einer Meinungsblase zugehörig, von einem digitalen Algorithmus abhängig und deshalb eines Gesprächs oder einer Diskussion unfähig oder für diese verloren zu bezeichnen – und das geschieht nicht selten – ist die Verkürzung der Lage, von der ich sprach. Der Mensch ist ja nie nur Kontext oder System, sondern immer auch selbst denkendes Individuum und verantwortlich für das, was er denkt und sagt. Menschen, die sich als selbstverantwortliche Individuen anerkennen, ermächtigen einander zum Gespräch. Das ist auch der Scheidepunkt einer wahrhaft zukunftsfähigen menschlichen Gesellschaft.

Lieber Clemens, ein geglücktes Gespräch beginnt so: Respekt vor dem Anderen als selbstverantwortliches und denkfähiges Individuum. Diese zentrale humanistische Sicht auf den Menschen, die auch den Menschenrechten zu Grunde liegt, ist die Grundvoraussetzung für ein gutes Gespräch. Wo Menschen miteinander in ein Gespräch eintreten, begegnen sie einander auf Augenhöhe. Sonst wird es kein Gespräch, sondern eine Belehrung, ein Apell oder gar eine Abwertung des Gegenübers.

Ein Gespräch ist konkretes Beziehungsgeschehen. Du hast mich gefragt, wie ein erstes Gespräch mit mir noch unbekannten Menschen beginnen kann. Das, was ich aufgrund meiner Erfahrungen dazu zu sagen habe, gilt eigentlich für die Ermöglichung eines jeden Gesprächs: Ein Gespräch beginnt und wird möglich durch Vertrauen. Vertrauen eröffnet dem Anderen Raum und gibt ihm den nötigen Raum. Vertrauen schenken, heißt eigentlich, in mir selbst Platz für den Anderen zu schaffen. Du hast sicher auch schon jene unglücklichen

Gesprächseinstiege erlebt, in denen die Grundstimmung des Misstrauens das Bestimmende war. Wie mühsam das doch ist! Wie schnell sich in so einer ungünstigen Atmosphäre die Unlust am Gespräch breitmacht und nichts mehr hin und her fließen kann zwischen zwei Menschen. Gute Gespräche sind in der Regel immer lustvoll, auch wenn sie Kraft kosten. Meine Erfahrung vieler Erstgespräche ist, dass ein großzügig gegebener Vorschuss an Vertrauen, Vertrauen erst wachsen lässt und dadurch im und durch das Gespräch die Beziehung zweier Menschen stärkt. Erst vertrauensvolle Offenheit ermöglicht dialogfähige Beziehungen. Und das ist meist als Geschenk erfahrbar und nicht machbar oder herstellbar. Diese Investition lohnt sich in den meisten Fällen und lässt die wenigen negativen Erfahrungen missbrauchten oder nicht beantworteten Vertrauens gern verkraften.

Dass ein im Vertrauen geführtes Gespräch Empathie und Wertschätzung zur Folge hat, ist nicht schwer nachvollziehbar. Eine solche Grundhaltung ist auch als Führungskraft für jedes Gespräch mit Mitarbeitenden die einzig fruchtbare. Dies auch gerade, wenn es um Zielvereinbarungen, Resultatorientierung und Entwicklungsperspektiven geht. Vertrauen, Empathie und Wertschätzung sind für die Motivation von Mitarbeitenden immer bedingende Voraussetzung.

Lieber Clemens, in all dem darf ein Wort zur Klarheit in Gesprächen nicht fehlen. Wie schön ist Klarheit, beispielsweise in unserem geliebten Osttirol, wenn morgens beim Sonnenaufgang mit gänzlich blauem Himmel die Berge weithin sichtbar sind. Angesichts dieser Weite und Klarheit geht einem das Herz auf. Oder im Gebirgsbach, der sich durch die Landschaft schlängelt – man sieht bis zum Grund, jeden Stein und jeden Fisch. Wie beglückend kann klares, ungetrübtes Wasser sein.

So geht es uns doch auch mit Menschen: Wenn Menschen in Begegnungen offen, gerade und klar sind. Und wie unangenehm ist es mit Menschen, bei denen diese Klarheit fehlt. Es fällt uns nicht schwer, zu entscheiden, mit welchen Menschen wir lieber Zeit verbringen und im Gespräch sein wollen. Doch so klar, wie es scheint, ist es mit der Klarheit nicht. Klarheit im Gespräch setzt eigene innere Klarheit voraus. Wenn wir meinen, klar zu kommunizieren, es aber beim Empfänger nicht so klar ankommt, liegt die Ursache oft darin, sich selbst noch nicht ausreichend mit dem eigenen inneren Kuddelmuddel auseinandergesetzt zu haben. Wir tun uns aber auch dann schwer, klar zu kommunizieren, wenn die Botschaft, die wir zu übermitteln haben, dem Gesprächspartner wehtun und unangenehm sein könnte. Da neigen wir nicht selten aus Gründen des Mitleids zur Verschleierung. Von ärztlichen Gesprächen wissen wir, dass Menschen oft viel leichter mit Diagnosen umgehen können – auch mit schweren –, wenn sie klar sind, als mit Unklarheit bezogen auf die Art der Erkrankung. Auch in Mitarbeitendengesprächen geht es um Klarheit, die wir einander der Orientierung willen immer schulden. Wenn Menschen wissen, was Sache ist, können sie sich orientieren und Handlungsoptionen überlegen. Insofern ist Klarheit ein Engel, der wehtun kann, aber Wegorientierung gibt und letztlich als heilsam und hilfreich erlebt wird. Klarheit ist auch wichtiges Element jeder Streitkultur und Konflikttransformation, der wir uns in den folgenden Briefen widmen werden.

Herzliche Grüße
Christian

3. STREITKULTUR UND KONFLIKTTRANSFORMATION

LIEBER CHRISTIAN,

wenden wir uns nun unserem letzten Thema zu, der Frage nach Streitkultur und Konfliktmanagement. Erinnerst Du Dich an die Kontroverse um den Kreuzweg beim Kolosseum in Rom am Karfreitag 2022? Die Choreographie sah vor, dass bei einer Station eine ukrainische Frau und eine russische Frau gemeinsam das Kreuz tragen. Die ukrainische Seite, die mitten im Krieg stand, war enttäuscht und empört. Ich denke, dass die Grundbotschaft dieser Situation – als kontrakulturelle und doch evangelische – gewichtig war, dass diese Botschaft aber zu früh und zu isoliert gekommen ist. Es ist unmöglich, glaubwürdig von Versöhnung zu reden, solange Häuser bombardiert, Kinder entführt, Menschen gefoltert werden. Die Zumutung des Evangeliums mit seiner Einladung, die Feinde zu lieben, bleibt.

Entscheidend ist bei diesen Fragen die Humanisierung des Gegners. Der bekannte Konfliktmediator John Paul Lederach hat in seinem Hauptwerk *The Moral Imagination* Konflikttransformation vor allem mit der Kultivierung von Vorstellungskraft verbunden. Die Kernidee besteht darin, uns selbst in einem Beziehungsnetz zu sehen, das auch unsere Konfliktgegner einschließt. Mit anderen Worten: Es geht darum, die Humanität des Anderen zu sehen. Meine Kollegin Lisa Schirch sieht das ähnlich – in ihrer kleinen Ethik der Friedensarbeit ragen zwei Punkte heraus: Sei bereit, dich selbst zu verändern! Stelle die Würde und Humanität aller Beteiligten in die Mitte!

In einem Konflikt besteht ja eine Grundversuchung immer darin, den Anderen als Unmenschen oder wenigstens Trottel abzutun. Die Idee der konsequenten Humanisierung der Beteiligten ist nicht nur eine abstrakte Idee, sondern auch Teil von Aktionsplänen. Mein Freund Steve Reifenberg war in den 1990er Jahren im Rahmen des Harvard Negotiation Project an einem Konfliktlösungsseminar beteiligt, das die Grenzstreitigkeiten zwischen Ecuador und Peru thematisieren sollte. Der Zugang, den sie gewählt haben, war ein Weg der Humanisierung. Jeweils sechs wichtige Vertreter/innen von beiden Seiten wurden eingeladen. Und dann wurden sie gemischt und mit Aufgaben betraut, die zunächst gar nichts mit dem Konflikt zwischen Peru und Ecuador zu tun hatten; eine peruanisch-ecuadorianische Gruppe unterhielt sich etwa über den Nahost-Konflikt. Sie lernten einander auf einer menschlichen Ebene kennen. Steve erzählte mir, dass zwei Hardliner – einer aus Peru, einer aus Ecuador –, die einander feindlich gegenüberstanden, bei dem Gespräch herausfanden, dass sie beide ein Kind mit besonderen Bedürfnissen hatten. Das bedeutete Humanisierung, aber auch einen gemeinsamen Boden. Schließlich wurden beide Seiten gebeten, das jeweilige Gegenüber zu interviewen, um herauszufinden, was der anderen Seite wirklich wichtig war und warum. Schritt für Schritt wurde die Bereitschaft, sich zu bewegen, über die Anerkennung der Humanität aller Beteiligten geöffnet.

Ähnliches kann vom Projekt Seeds of Hope erzählt werden, bei dem israelische und palästinensische Jugendliche sechs Wochen lang miteinander in einem Ferienlager verbringen, wo Fußball gespielt wird, Wanderungen unternommen, aber auch Geschichten erzählt werden. Es ist schwer, mit stereotypischen Vorstellungen „der anderen Seite" heimzufahren, wenn man Alltag geteilt, gemeinsame Aktivitäten unternommen und die Individualität und Verschiedenheit „der Anderen" gesehen hat.

In den Konflikten, die es in der Führungsarbeit zu bewältigen gilt, haben wir es meist mit kleineren Kalibern zu tun. Da streiten Menschen um Gehaltserhöhungen, Büroräume oder Urlaubsprivilegien. Es geht nicht um Leben und Tod. Dennoch ist die Grundidee der Humanisierung des Anderen auch in den kleineren Konflikten relevant. Grundsätzlich sind Konflikte ja ein Zeichen von Lebendigkeit. Ich erinnere mich an eine Bemerkung von Basil Hume, Kardinal in Westminster und vorher Abt eines Benediktinerklosters: Wenn du zu viele Menschen hast, denen zu viel egal ist, hast du vielleicht keine Konflikte, du hast aber auch kein lebendiges Gemeinschaftsleben. Ohne Konflikte kann sich ein Klima der Wurschtigkeit, wie man in Österreich sagt, breitmachen. Dabei muss das Berechtigte am Konflikt gesehen werden.

Lieber Christian, Du erinnerst Dich an unseren gemeinsamen Lehrer Otto Muck, der immer wieder eingemahnt hat, „das berechtigte weltanschauliche Anliegen des Anderen" zu würdigen und zu sehen. Das ist ein guter Hinweis – gehen wir davon aus, solange es möglich ist, dass die andere Seite vernünftig, wohlwollend und wohlinformiert ist. Man nennt das Prinzipien der wohlwollenden Interpretation. Und wenn man mit dieser Grundeinstellung (die andere Seite hat berechtigte Anliegen, weil es sich um vernünftige, wohlwollende und wohlinformierte Menschen handelt) in ein Konfliktgespräch geht, wird sich vieles anders rahmen lassen.

Ich erinnere mich an eine interessante Übung im Rahmen meines Nachdiplomstudiums über Entwicklungszusammenarbeit an der ETH Zürich. Unsere Seminargruppe wurde ausgesandt, mit drei Beteiligten an einem Grundstückskonflikt – Bauer, Nachbar, Behörde – zu reden, um den Konflikt besser zu verstehen. Wir wurden auch eingeladen, die Frage zu stellen, wann der Konflikt begonnen hat. Es war faszinierend, zu sehen, wie unterschiedlich die Wahrnehmung des Konflikts in Bezug auf die zeitliche Einordnung und seinen Verlauf war. Für den Bauern reichte der Konflikt schon Generationen zurück, für die Behörde war es ein ganz junges Streitthema. Es wurde uns auch klar, dass jede Seite wenig von der Wahrnehmung der jeweils anderen Seite wusste.

Gute Streitkultur lebt davon, dass ein sicherer Raum geboten wird (ein „safe space"), in dem Menschen in einer vertrauensvollen Atmosphäre ihre Anliegen vorbringen können; das ist auch eine Frage der „Sprachfindigkeit": Lässt sich das Anliegen und die Sichtweise auf den Konflikt in eine Sprache packen, die verständlich ist, sodass das Gespräch nicht abbricht? So, dass der andere etwas erwidern kann? So, dass man sich der Möglichkeit, im Irrtum zu sein, bewusst ist!

Hier gilt einerseits der grundsätzliche Wille zur Beweglichkeit, von dem wir im Zusammenhang mit einem guten Gespräch bereits gesprochen haben. Ein gutes Gespräch zeigt sich in der inneren Beweglichkeit des Anderen, in der Bereitschaft, anders zu sehen, anders zu deuten, Neues zu lernen und manches gezielt zu verlernen („unlearn"). Andererseits ist Konflikttransformation auch eine Frage von Vorstellungskraft, Phantasie und Kreativität. Konflikttransformation ist doch die Idee, dass Konflikte von Positionen in Prozesse verwandelt werden, die den Beteiligten Wachstum ermöglichen.

Mich fasziniert dabei die Idee der Vorstellungskraft. Vorstellungskraft ist die Fähigkeit, sich Alternativen zum Status quo auszumalen. Die Humanisierung des Anderen ist auch eine Frage der Phantasie. Der syrische Künstler Abdalla Al Omari, geflohen aus seinem bürgerkriegsgeplagten Heimatland, hat zum Beispiel einen Zyklus von Bildern entwickelt, in denen er mächtige Politiker – Cameron, Merkel, Obama, Putin, Trump – als Flüchtlinge darstellt, mit zerrissenen Kleidern, angstvollem Gesichtsausdruck, stehend, wartend, in einer Warteschlange zur Brotausgabe. Es ist eine Auseinandersetzung mit der Verwundbarkeit des Menschen, denn auch die Mächtigen sind verwundbare Menschen, die sich ihrer Verletzlichkeit bewusst werden, wenn die Panzer der Privilegien zerbrochen sind.

Es verwundert nicht, dass John Paul Lederach die Bedeutung von Geschichten in der Konflikttransformation betont. Welche Geschichten erzählen wir über einen Konflikt und in einem Konflikt, und was sagt der Konflikt über uns selbst aus?

Mir fällt im akademischen Kontext manchmal auf, dass es doch ein wenig erbärmlich ist, worüber gestritten wird. Fragen wie: „Wer hat das größere Büro?", „Wer hat den schöneren Titel?" oder „Wer hat die angenehmere Unterrichtsverpflichtung?", werden zu großen Fragen. Hier bin ich manchmal versucht, an Herbert McCabe zu denken, den legendären englischen Dominikaner, der einmal – nach Jahrzehnten seelsorglicher Erfahrung im Beichtstuhl – gefragt worden ist: Was haben Sie über die menschliche Natur gelernt? Und seine Antwort: „There are no grown ups. – Es gibt keine Erwachsenen." Status und Bildung, Macht und Privilegien schützen vor Unreife nicht.

Konflikttransformation ist auch eine Frage der Fähigkeit, den Blick über den eigenen Vorteil hinaus auf ein Ganzes zu richten.

Lieber Christian, Du hast viel Erfahrung mit Konflikten, in der Kirche, im Krankenhaus, in der Politik.

Was würdest Du Menschen mitgeben wollen?

Herzliche Grüße

Clemens

LIEBER CLEMENS!

Vom frühgriechischen Philosophen Heraklit, er wurde bezogen auf seine dialektischen Überlegungen auch „der Dunkle" genannt, gibt es den rätselhaften Ausspruch: „Der Krieg ist der Vater aller Dinge." Was können wir diesem Wort abgewinnen, angesichts des unermesslichen Leids der kriegsgeplagten Bevölkerung in der Ukraine? Ist der Krieg nicht der Vater des totalen Chaos und der Vernichtung der Dinge? Wie kommt Heraklit dazu, das zu sagen? Ähnlich geht es uns spontan auf anderer Ebene mit den Begriffen „Konflikt" und „Streit". Konflikt und Streit sind doch zunächst unleugbar Ursachen für Chaos, Verwirrung, Spaltung und Traurigkeit. Wie kann oder könnte darin etwas Schöpferisches liegen? Konflikt, Streit und Krieg als „Hervorbringer aller Dinge"? Oder könnte uns eine tiefere Schau helfen, das Kreative in Konflikt und Streit zu sehen? Lieber Clemens, Du hast an Erzbischof Basil Hume erinnert, der Konfliktsituationen in Gemeinschaften auch als Zeichen von Lebendigkeit gedeutet hat, im Unterschied zu Gemeinschaften, in denen sich nichts mehr rührt und tut.

Wir widmen uns in diesen Briefen dem Thema „Streitkultur und Konflikttransformation". Kultur ist ein Zustand, in dem etwas kultiviert und geordnet wurde. Kultur vermittelt Sicherheit. Es gibt Verhaltensregeln und es herrscht für jene, die in einer kultivierten Umwelt leben, Überschaubarkeit. Die Erfahrung von Streit und Konflikt ist wohl ursprünglich mit Unberechenbarkeit und Willkür verbunden. Auf den ersten

Blick also scheint die Verbindung von Streit und Kultur (Streitkultur) nicht recht zu passen. Doch was wäre die Alternative zur Kultivierung des Streits und des Konflikts? Der berühmte Konfliktforscher Friedrich Glasl hat neun Eskalationsstufen des Konflikts identifiziert und beschrieben. Er spricht von der inneren Dynamik eines Konflikts. Der Konflikt durchschreitet die Stufen von der Verhärtung der Standpunkte, über Polemik, Gesichtsverlust, Drohstrategien bis hin zur Vernichtung in der letzten Stufe 9. Glasl nennt diesen Prozess „gemeinsam in den Abgrund", bei der die Selbstvernichtung in Kauf genommen wird, wenn nur der Feind ebenfalls zugrunde geht. Das ist wahrhaftig keine anstrebenswerte Perspektive.

Als vernunftbegabtes Wesen scheint der Mensch das bald erkannt zu haben: Streit und Konflikt gehören kultiviert und geregelt. Unsere Vorfahren saßen schon in der Frühgeschichte der Menschheit um das Lagerfeuer, um Konflikte auszureden. Das war wichtig, weil ein intern schwelender Konflikt die Gemeinschaft in einer damals gefahrvollen Umgebungsnatur schwächte. Gemeinsames Ausreden und in Beziehung bleiben stärkt. Diese Kultivierungstendenzen zeigen sich auch nach schweren Kriegen, so auch nach dem 30-jährigen Krieg und dem Westfälischen Frieden 1648, der das Zusammenleben der verschiedenen Konfessionen regelte und den Begriff der Toleranz in der weiteren europäischen Entwicklung zum Zeichen einer wahrhaft menschlichen Gesellschaft werden ließ. Ein Durchbruch der Menschlichkeit gelang auch mit der Erklärung der Menschenrechte nach den Schrecknissen des Zweiten Weltkrieges. Nach den katastrophalen Weltkriegen wurden ab 1945 auch internationale Konflikte mit dem Völkerrecht geregelt und Statuten für Kriegsverbrechen eingerichtet. So dürfen keine zivilen Ziele wie Krankenhäuser und

Schulen angegriffen oder die für das Überleben der Bevölkerung nötige Infrastruktur (Strom, Wasser etc.) mutwillig zerstört werden. Der Internationale Gerichtshof in Den Haag verurteilt Kriegsverbrechen. Das alles sind vorhandene Werkzeuge zur Kultivierung von Krieg und internationaler Konflikte. Aus dem Negativen von schrecklichen Kriegserfahrungen sind positive Initiativen in Form von Regelwerken, Gesetzestexten und der Festschreibung von Rechten und Pflichten bezogen auf die Menschlichkeit des Menschen entstanden. Lieber Clemens, ein Fortschritt? Ist das das Kreative oder Schöpferische von dem Heraklit in Bezug auf den Krieg sprach?

Das, was im Großen gilt, könnte auch im Kleinen gelten. Kennen wir das nicht auch aus privaten Streitsituationen, wo es auf der Sach-, Beziehungs- und Machtebene hin und her geht – scheinbar willkürlich und ungeregelt. Und dann, nach dem Streit folgt die Einsicht, dass es so nicht geht und es wird besprochen, dass man sich das nächste Mal Regeln des Miteinanderstreitens auferlegt? Beratungsliteratur gibt es dazu genug.

Richtig streiten zu lernen und Lösungen in Konfliktsituationen zu finden, ist eine wahre Kulturleistung. Kinder lernen durch Nachahmung. Sie imitieren, was sie in ihren Familien erleben. Das prägt ihr Verhalten im weiteren Leben. Wenn Eltern streiten, was geht da vor? Kindern nehmen ihre Umwelt sehr sensibel wahr. Regiert das Gesetz des Stärkeren? Welche Worte werden gebraucht? Gibt es Regeln oder herrscht Willkür? Wie versöhnen sich Eltern nach dem Streit? Wird ein gutes Leben durch den ausgetragenen Streit ermöglicht? Lieber Clemens, auch Streiten will gelernt sein. Vor Kurzem habe ich mich mit meinen Kindern unterhalten, welche Wahrnehmungen sie bezogen auf Streitkultur und Streitverhalten von uns Eltern, oder im größeren Familienkontext auch von den Großeltern, übernommen haben. Es war ein vertiefendes Gespräch zum Thema: Was wäre ein guter Streit und wie können Konflikte in einer Gemeinschaft mehr ermöglichen als zerstören? Als Kind und Jugendlicher war ich in den Ferien öfters bei einer Familie mit vier Kindern eingeladen. Da wurde zu verschiedensten Themen heftig durcheinander gestritten und diskutiert – Eltern mit Kindern, aber auch die Kinder untereinander. Oft ging es laut her. Es herrschte in dieser Familie ein streitfreudiges Klima. Mich hat das nicht bedrückt, sondern fasziniert. Das besonders Schöne daran war, dass nach dem Streit und der heftigen Diskussion ein völlig unverkrampft-heiteres Klima herrschte. Ich staunte und fragte mich, wie das möglich sei. Ich kannte das aus der eigenen Herkunftsfamilie nicht. Aber ich spürte, so wie ich es in dieser Familie erlebte, dass Streiten ein attraktiver Teil einer lebendigen Beziehungskultur sein kann. Von Nietzsche gibt es das wunderbare Wort: „In jedem Angriff herrscht klingendes Spiel." Der streitende Mensch als spielender Mensch? Wenn Menschen miteinander streiten, könnte da die Haltung einer gewissen Selbstrelativierung und des sich selbst nicht ganz Ernstnehmens nicht hilfreich sein? Humor ist doch oft ein Eisbrecher – auch in schwierigen Konfliktsituationen. Die Gabe des Humors hilft nicht selten auch harte Wahrheiten erträglicher annehmen zu können. Von Berthold Brecht gibt es die schöne Parabel von der Heimkehr des Laotse. Laotse kommt auf einem Esel reitend mit seinem Schüler bei einem Zollhaus der chinesischen Mauer vorbei. Der Zollbeamte fragt den Schüler, ob etwas zu verzollen sei, was dieser verneinte, weil Laotse lediglich Lehrer sei und keine materiellen Güter mit sich führe. Der Zollbeamte rief nach einiger Zeit den beiden fragend nach, worauf der Lehrer als Ertrag seines Lehrlebens gekommen sei. Der Schüler drehte sich um und sagte: „Er ist darauf gekommen, dass weiches Wasser harten Stein besiegt." Welch ein Wort – kurz und bündig ist alles gesagt.

Sanftmut, unverkrampfte Gewaltfreiheit und ein letzter Abstand zu sich selbst und den Dingen befreien uns und lassen uns den Kopf aus gegenseitigen Schlingen ziehen. Von Marschall Rosenberg, dem bekannten Lehrmeister einer gewaltfreien Kommunikation und Friedenspraktiker, gibt es die verwirrend-klare Aussage: „Du wirst Dich entscheiden müssen: Willst Du lieber Recht haben oder glücklich sein?"

Lieber Clemens, welche Haltungen sind noch hilfreich in Konflikten und Streitsituationen, wenn es für alle Beteiligten um ein gutes Leben gehen soll? Oder geht es nicht darum?

Herzliche Grüße
Christian

LIEBER CLEMENS!

In meinem vorigen Brief benannte ich Haltungen wie Gelassenheit sich selbst und anderen gegenüber sowie Humor als gut für eine konstruktive Streit- und Konfliktkultur. Es gibt ja unendlich viele Techniken zur Streit- und Konfliktbewältigung sowie Mediation. All diese sind hilfreich, aber meiner Erfahrung nach können diese Techniken nur von jenen Menschen sinnvoll angewandt werden, die gewisse Haltungen mitbringen und sie leben. Nur dann wird genügend langer Atem vorhanden sein, um Konflikte auszuhalten, durchzutragen und gemeinsam um Lösungen zu ringen.

Der Gründer des Europäischen Mönchtums, der Hl. Benedikt, hat eine bis heute gültige Ordensregel verfasst, in der es einfach um Regeln des gelingenden Zusammenlebens geht. In dieser Regel findet sich der bedeutsame Satz: „Alle Menschen ehren" (4,8). Benedikt ist dabei vom Hl. Paulus inspiriert, der im Brief an die Römer (12,10) schreibt: „Kommt einander in gegenseitiger Achtung zuvor." Alle Menschen zu ehren und einander in Achtung zuvorzukommen sind Haltungen, in denen es um eine grundlegende Umgangsform mit und eine Sicht auf die Mitmenschen geht, die schon präventiv Überforderungen und Kränkungen im Miteinanderleben hintanhält. Die Art und Weise wie wir auf unsere Mitmenschen und Konfliktgegner zugehen bestimmt fundamental unser Konfliktverhalten.

Wenn ich andere „ehre" und „in Achtung zuvorkomme" werde ich bereit sein, auf ihre Argumente und Darlegungen genau zu hören, auch wenn sie mir wehtun oder zuwider sind. Der heilige Kirchenlehrer Thomas von Aquin hat im Mittelalter eine eigene literarische Gattung entwickelt. In seinen „quaestiones disputatae" beschäftigte er sich mit ethischen und theologischen Fragestellungen und ließ diverse, einander auch widersprechende Antworten zur Sprache kommen, um sie dann argumentativ zu analysieren und auszudiskutieren. Das ist eine hohe und kultivierte Form der Streitkultur. Das, was mich am meisten fasziniert, ist die Tatsache, dass Thomas von Aquin die Argumente seiner Gegner dort, wo sie undeutlich oder unscharf waren, um der Sache willen, um die es ging, sogar noch zuspitzte und neu formulierte, um sich dann mit ihnen auseinanderzusetzen. In dieser Vorgangsweise kommt auch die Haltung, den anderen die Ehre und Achtung zu erweisen, zum Ausdruck. Sie ist aber auch Zeichen einer grundlegenden Kritikfähigkeit, die in der Bescheidenheit fußt, sich bewusst zu sein, nicht alles zu wissen, oder zu erkennen, dass die Wirklichkeit weit größer ist, als das, was ich davon zu erfassen meine.

Lieber Clemens, Kritikfähigkeit ist Ausweis einer souveränen Führungspersönlichkeit. Jemand, der Kritik und Gegenkritik anderer nicht aushält, sollte keine Führungsverantwortung übernehmen. Denn für wichtige Entscheidungen in einem Unternehmen oder einer Institution ist es bedeutsam, möglichst viel an Wirklichkeit zu rezipieren. Es erfordert die Bereitschaft, Entscheidungen auch in Diskussion mit anderen und in Auseinandersetzung mit deren Wahrnehmung von Wirklichkeit zu erringen. Mein ehemaliger Chef, Diözesanbischof Egon Kapellari, pflegte bei Konfliktsituationen immer an das Ganze, dem wir verpflichtet seien, zu erinnern. Er sagte: „Wir sind alles nur Verwalter von Detailwissen. Das geht so lange gut, als es wenigstens einige gibt, die bereit sind, das Ganze sehen zu wollen." Was mich an dieser Aussage besonders beeindruckt, ist das „sehen zu wollen". Das heißt, es wird nicht behauptet, jemand sei in der Lage, das Ganze zu sehen, sondern es geht um die grundlegende Haltung, „das Ganze sehen zu wollen", und damit zu würdigen. Die Anerkennung der eigenen Grenzen hindert nicht daran, über den Tellerrand hinauszublicken und das Ganze ins Blickfeld zu nehmen. Diesen Kapellari'schen Ansatz von Führungsverhalten konnte ich in meinen Verantwortungsbereichen schon mehrfach erfolgreich anwenden. In Konfliktsituationen, in denen jeweils die eigenen Positionen mit denen der anderen zusammenprallten und streitbar diskutiert wurden, erinnerte ich daran, dass keiner, egal welche Position er oder sie in der zu diskutierenden Frage vertrat, davon befreit war, den Blick auf das Ganze des Unternehmens und dessen Auftrag zu richten. Keiner war davon befreit, die Relativität der eigenen Sichtweisen zu erkennen, um deren Nutzen und Brauchbarkeit damit einordnen zu können. Oftmals war diese Intervention erfreulich friedensstiftend.

Die Einsicht, dass es wichtig ist, dass es einige gibt, die bereit sind, das Ganze sehen zu wollen, gilt auch für internationale Friedensbemühungen, sowohl in der Konfliktbewältigung als auch in der Konfliktprävention. Die UN Peacebuilding Commission und das UN Department of Peacekeeping Operations fokussieren ihre Anstrengungen auf die Ausbildung von Menschen vor Ort, die dann die Befähigung besitzen, Peacekeeper oder Peacebuilder in ihren Ländern sein zu können. So wäre es gut und ratsam auch in Unternehmen Menschen durch geeignete Bildungsprogramme für die Tätigkeit als Konflikttransformatorin und -transformator zu befähigen.

Wichtig ist dabei auch die Auseinandersetzung mit sich selbst und den eigenen inneren Konflikten, die wir nur allzu leicht nach außen tragen. Von Blaise Pascal gibt es das wegweisende Wort, dass das Übel der Welt damit beginne, dass wir es nicht mit uns allein in einem Zimmer aushalten würden. Auch ein bemerkenswerter Gedanke. Sind wir noch fähig zum ehrlichen Selbstgespräch, lieber Clemens, bevor wir mit anderen ins Gespräch oder in konfliktträchtige Diskussionen treten?

Jetzt komme ich abschließend doch noch einmal auf die Coronapandemie zu sprechen. Mir sitzt es wirklich noch tief in den Knochen, wie unversöhnlich zu diesem Thema Meinungen und Standpunkte aufeinandertrafen und Menschen, auch in Politikbereichen, einander mit ihren Äußerungen abwerteten – als ob es kein Morgen gäbe. Covid 19 als globale Krise hat auch vorhandene gesellschaftliche Verwerfungen und Missstände in unterschiedlichen Bereichen grell ans Licht gebracht. Gesellschaftliche Mitte schien im spalterischen Geplänkel zwischen links und rechts verloren zu gehen. Bemerkenswert viele fühlten sich trotz der Komplexität der Krise – oder gerade deswegen? – in der Lage, Urteile darüber zu fällen, was sicher richtig oder sicher falsch sei: die Gesundheitsstrategien, die Lockdownstrategien, die Wirtschaftsrettungsstrategien, die Impfstrategien etc. Zu selten wurden gemeinsam und konstruktiv Fragen diskutiert, wie: Was war und ist gut? Was muss und kann korrigiert werden? Was kann für später als Gelerntes mitgenommen werden? Freilich, die Pandemie hatte viel Angstmachendes und Bedrohliches an sich. Keiner hatte eine befriedigende Antwort auf die Frage: Wie geht es weiter? Es herrschte ein Übermaß an Unsicherheit bezogen auf Leib und Leben und die eigene Zukunft. Da sind aggressives Verhalten, Schimpfen, Klagen und manchmal wohl auch maßloses Kritisieren nachvollziehbare menschliche Reaktionen. Diese Reaktionsformen verbessern aber selten die Situation, steigern auch nicht die Zufriedenheit der Menschen und bieten keine Orientierung. Eine fruchtbarere Haltung, mit und in einer solchen Krise umzugehen, scheint mir Besonnenheit zu sein. Besonnenheit leitet sich vom Verb „sich besinnen" ab und zeigt sich in einem entsprechenden Denken, Reden und Handeln.

Der besonnene Mensch verliert trotz Leidenschaft nicht seinen Kopf. Er sieht nicht auf andere von oben oder von unten herab und beurteilt nie ohne Wertschätzung ihre Handlungen und Entscheidungen. Es geht ihm um die Sache. Der Besonnene denkt kritisch, nicht selten mit Blick auf sich selbst. Er hält immer ein bisschen Abstand, um anderen nicht zu nahe zu treten und um besser zu sehen und zu erkennen, was es mit dem Einzelnen und dem Ganzen auf sich hat. Alles ist für den Besonnenen relativ. Dies ist nicht im Sinne von Gleichgültigkeit zu verstehen, sondern im Sinne einer Bezogenheit auf das Bessere. Was ist gut für eine Gesellschaft? Welche Gesellschaft sollen wir wollen? Was bringt uns wirklich weiter? Was ist eine gute Gesellschaft? Eine Krise, in der gesellschaftliche Spaltung eine reale Gefährdung darstellt, begünstigt Absolutheiten im Urteil und Rechthabereien. Schwarz-Weiss eben. Der besonnene Mensch aber widersteht individuellen und kollektiven Absolutheiten und wird stets den Dialog suchen und für Multiperspektivität einstehen. Für Streitkultur und Konflikttransformation braucht es besonnene Menschen.

Lieber Clemens, vom Hl. Augustinus stammt folgende Beschreibung der Aufgaben eines Bischofs, die mir für jede Führungsarbeit bezogen auf das Miteinander von Menschen passend erscheint: „Unruhestifter zurechtweisen, Kleinmütige trösten, sich der Schwachen annehmen, Gegner widerlegen, sich vor Nachstellern hüten, Ungebildete lehren, Träge wachrütteln, Händelsucher zurückhalten, Eingebildeten den rechten Platz anweisen, Streitende besänftigen, Armen helfen, Unterdrückte befreien, Gute ermutigen, Böse ertragen und – ach – alle lieben."

Vielleicht liegt die wichtigste Voraussetzung einer guten Streitkultur in der Fähigkeit, mit Menschen verbunden zu sein. Und, lieber Clemens, ist es nicht Liebe, die Menschen verbunden sein lässt?

Herzliche Grüße
Christian

LIEBER CHRISTIAN,

danke für Deine beiden Briefe über Streiten und Streitkultur und die wichtigen Punkte zu Kreativität und Veränderung, die Rolle von Einstellungen wie Gelassenheit und Besonnenheit, die Bedeutung des Blicks auf das Ganze und der respektvollen Verbundenheit mit Menschen. Du hast die benediktinische Tradition erwähnt – da ist es ja wirklich interessant, dass Konfliktkultur in die Regel des Heiligen Benedikt eingebaut ist. Im Kapitel 3 der *Regula Benedicti* heißt es: „Alle sollen demnach durchweg der Regel als Meisterin folgen; keiner darf vermessen von ihr abgehen. Niemand folge im Kloster dem Begehren des eigenen Herzens, noch erdreiste sich einer, mit seinem Abt in kecker Weise oder gar außerhalb des Klosters zu streiten [...] Der Abt handle jedoch überall mit Gottesfurcht und nach der Richtschnur der Regel." Die Hinweise sind hilfreich für die Idee von Streitkultur: Wenn es eine klare Wertebasis gibt, die alle Beteiligten respektieren, dann gibt es eine überpersönliche Instanz, die gemeinsamen Boden schafft, eine Instanz, auf die man sich im Konfliktfall beziehen kann. Das ist vor allem dann nützlich und realistisch, wenn die Wertebasis einfach und klar und explizit ist. Natürlich kann nicht jede Organisation eine Ordensregel haben, aber doch ein explizites Verständnis von Grundwerten und Leitwerten. Was die Regel des Heiligen Benedikt noch zum Ausdruck bringt, ist die Idee einer Gemeinwohlorientierung. Wenn die Mitglieder einer Gemeinschaft (und auch ein Unternehmen ist eine Gemeinschaft von Personen) den Blick auf das Ganze richten, dann kann Streit nicht so leicht entstehen. Dieser Gedanke ist ja auch im weisen Wort von Bischof Kapellari ausgedrückt; es muss Menschen geben, die über den persönlichen Vorteil hinaus auf das Wohl des Ganzen bedacht sind. Deswegen gelten ja auch in der benediktinischen Tradition Eifersucht und Selbstsucht als Quellen von unnötigem Streit (Kapitel 4), vor allem aber auch der Stolz, also die Haltung, sich über die anderen zu erheben (Kapitel 65).

Es kann keinen Zweifel geben, dass das Innere eines Menschen, also die Welt der Haltungen und Überzeugungen, Wahrnehmungen und Deutungen entscheidend für das Entstehen von Konflikten und den Umgang mit Konflikten ist. Der Jakobusbrief erinnert aus gutem Grund daran, dass Streit aus ungeordnetem Inneren entsteht (Jakobus 4,1). Letztlich ist Führungsarbeit Arbeit am Inneren wie auch Arbeit an Strukturen.

Das wird am ignatianischen Zugang zu Konflikten deutlich. Er investiert in das Argument, in die Beziehung, in die Selbstkritik und in einen Blickwinkel, der von eigenem Stolz und eigener Empfindlichkeit wegführt. Eindrucksvoll ist zum Beispiel der lange Brief von Ignatius an Nicolás Alonso de Bobadilla aus dem Jahr 1543. Ignatius hat in diesem Brief auf Einwände gegen die von ihm eingeforderte Informationspflicht (der wöchentliche Brief nach Rom) reagiert – und zwar detailliert und argumentationsgestützt.

Pater Bobadilla, einer der ersten Weggefährten von Ignatius, hatte sich beschwert, dass es ihn zu viel wertvolle Zeit koste, den Kommunikationswünschen von Ignatius Genüge zu tun. Ignatius stellt sich dem doch durchaus gravierenden

Vorwurf, der an der Grenze zur Illoyalität anzusiedeln ist, mit Argumenten: Ein Argument besteht im Appell an den größeren sozialen Kontext, in dem das „Unternehmen" des Ignatius operiert: „Viele Freunde und Bekannte von uns, die erfahren, daß wir Briefe von einigen von der Gesellschaft haben, wollen diese haben und freuen sich, sie zu lesen. Wenn wir sie nicht zeigen, obwohl sie bitten, befremden wir sie. Wenn wir sie zeigen, obwohl sie ohne jede Ordnung kommen, werden sie mißerbaut." Hier wird also auch die Informationspflicht gegenüber interessierten Außenstehenden („stake holders") angesprochen. Der zitierte Brief ist auch ein gutes Beispiel für den Führungsstil des Ignatius, der mit Argumenten wirbt und auch deutlich macht, dass es ihm nicht um die eigene Person, sondern um das Ganze der Gesellschaft Jesu geht; gleichzeitig verpflichtet er sich selbst, mit gutem Beispiel voranzugehen und die eingeforderten Standards der Kommunikationsmittel selbst anzuwenden. Dem Vorwurf Bobadillas, dass Briefeschreiben wie das Briefelesen eine Zeitverschwendung sei, entgegnet er mit dem schlagenden Argument: „Und daß Ihr Euch nicht würdigt, meine Briefe zu lesen, da Euch die Zeit dafür fehle: Ich habe durch die Gnade Gottes unseres Herrn Zeit und Lust genug, alle Eure Briefe zu lesen und wieder zu lesen." Hier wird auch klar das Interesse an dem, was innerhalb des Ordens geschieht, ausgedrückt. Ignatius bittet – im Sinne eines Bekenntnisses zu Führung nach objektivierter Perspektive – den Adressaten des Briefes um Hinweise, wo ignatianische Briefe nicht den Vorstellungen entsprochen haben. Abschließend wird Bobadilla mit schlagender Demut und in Erinnerung an das höchste Gut und den gemeinsamen Rahmen in die Pflicht genommen: „Deshalb bitte ich Euch um der Liebe und Ehrfurcht gegenüber Gott unserem Herrn willen, schreibt mir die Weise, in der es Euch am besten scheint, daß ich Euch – selber oder durch einen anderen – schreiben soll, damit ich mich nicht irre." (Ignatius von Loyola, *Deutsche Werkausgabe*). Führen verlangt nach einer Form der Glaubwürdigkeit im Sinne der Selbsteinbindung und Selbstanwendung des Geforderten. Hier zeigt sich, wie die Person demütig um der Sache und der Beziehung willen zurücktritt.

Diese Fähigkeit, sich selbst auf eine Weise einzubringen, die nicht die Person, sondern die Beziehung und die Sache in den Mittelpunkt stellt, hat auch in der Neuzeit nicht an Bedeutung verloren. Diese Fähigkeit zeigte sich etwa auch bei dem bereits erwähnten Schweden Dag Hammarskjöld, UN-Generalsekretär von 1953 bis zu seinem Tod bei einem Flugzeugabsturz 1961. Hammarskjöld war bekannt für seine Beiträge zur Konflikttransformation, vor allem durch die „stille Diplomatie". Durch informelle Begegnungen und vertrauliche Gespräche versuchte er (teilweise sehr erfolgreich) in Konflikten zu vermitteln – in einer Weise, die niemanden das Gesicht verlieren ließ. Es lief also nie auf die Frage, „Wer hat recht?", hinaus, sondern auf die Frage: „Wie können wir gemeinsam friedlich und fruchtbar weitergehen?" Peter Wallensteen hat einige Eckpunkte von Hammarskjölds stiller Diplomatie benannt, die auch für andere Kontexte von Interesse sein können: Reisediplomatie (direkt hinfahren anstatt jemanden zu schicken); Vertrauen durch den Aufbau von persönlichen Beziehungen schaffen; Rückbezug auf einen gemeinsamen Werteboden, den alle anerkennen (in seinem Fall die Charta der Vereinten Nationen); Bildung von Allianzen und Koalitionen zur Konfliktlösung; proaktives Engagement, das auch Risiken enthalten kann; das Ganze in Demut und mit Schlichtheit angehen.

Das kann man auch in einer Organisation so handhaben, indem man direkt mit den Kolleginnen und Kollegen redet, man mit dem Blick auf das Ganze argumentiert, vertrauenswürdig bleibt, in Beziehungen investiert – auch dadurch, dass man echtes Interesse an den Menschen zeigt und ihnen zuhört sowie ergebnisoffen und ohne Schnörkel in ein Gespräch geht. Ich habe dieses Prozedere des offenen Gesprächs und des sorgsamen Zuhörens einmal am King's College London erlebt, als unser Fachbereich von einem Gebäude in einen Neubau übersiedelt ist und sich die Frage nach der Verteilung der Büroräume gestellt hat. Das ist verständlicherweise Quelle von Konflikten. Es gab Büros mit Fenstern und fensterlose Büros, es gab Büros neben dem lauten Lift und den Toiletten und es gab ruhige Büros. Zudem gab es kleinere und größere Räume usw. Fast alle Kolleg/innen hatten ähnliche Präferenzen und bevorzugten ein großes, ruhiges Büro mit Fenstern im Gegensatz zu einem kleinen, finsteren und lauten Büro – so entstehen im Übrigen Konflikte um knappe Güter. Zur Lösung des bevorstehenden Konflikts waren das gute Beispiel des damaligen Abteilungsvorstands und der Blick auf das Argument entscheidend, etwa: Je mehr Zeit jemand im Büro verbringt oder verbringen muss, desto eher ist ein Büro mit Fenstern gerechtfertigt; wenn jemand viel Parteienverkehr hat, ist das ein Argument für ein großes Büro; wenn zwei bereit sind, ihre Büros wöchentlich zu rotieren, kann ein fensterloses und ein Büro mit natürlichem Licht zugewiesen werden, und so weiter. Der Vorgesetzte unterwarf sich selbst diesen Grundregeln. Der Verzicht auf den größtmöglichen eigenen Vorteil, die Entscheidung, Macht nicht für den eigenen Nutzen auszubeuten, verlangen Reife und ein geordnetes Inneres. Ich erinnere mich, dass ich meinen Kollegen, der mit der Führung des Instituts betraut war, einmal fragte, wie er mit all den Konflikten umginge und wie er seine Gelassenheit bewahren könne – seine Antwort: „Ich bete viel."

So ist Führungsarbeit wesentlich Arbeit an sich selbst, wesentlich „Identitätsarbeit": Arbeit an der eigenen Identität, Arbeit an der Identität der Gemeinschaft im Ganzen, Arbeit an der Identität der einzelnen Mitglieder, Arbeit an der Identität derjenigen, mit denen die Gemeinschaft zusammenarbeitet. Es geht um einen Dienst in einem größeren Rahmen. Es geht um eine „Tiefe", die sich in der Arbeit an sich selbst und im Aufbau einer Kultur von Innerlichkeit zeigt. All diese Aspekte laufen darauf hinaus, Führen als „Identitätskunst" anzusehen.

Lieber Christian, damit komme ich zum Schluss dieses vorläufig letzten Briefes. Ich danke Dir sehr für alle Einsichten und Anregungen, für Deine Fragen und Dein Interesse. Ich habe viel gelernt und ich freue mich darauf, all dies im Alltag umzusetzen – mit der Demut, dass das Wichtigste im Leben nicht geplant und nicht konstruiert werden kann. Die wichtigsten Dinge im Leben sind geschenkt und gefügt. Alles ist Gnade.

Herzliche Grüße, danke
Clemens

ANHANG

AUSGEWÄHLTE LITERATUR

Marilee Adams: Change Your Questions, Change Your Life, 2009.
Aristoteles: Metaphysik.
Augustinus: Bekenntnisse.
Steve Bevans u. Clemens Sedmak: Does God Love the Coronavirus? Friendship, Theology, and Hope in a Post-COVID World, 2021.
Peter Bieri: Wie wollen wir leben?, 2011.
Joseph Maria Bochenski: Was ist Autorität? Einführung in die Logik der Autorität, 1974.
Adam Braun: The Promise of a Pencil, 2014.
Mary Bruce u. John Bridgeland: The Mentoring Effect. Young People's Perspectives on the Outcomes and Availability of Mentoring, 2014.
Marguerite La Caze: Wonder and Generosity. Their Role in Ethics and Politics, 2013.
Daniel Coyle: The Talent Code, 2009.
Robert Dallek: John F. Kennedy – Ein unvollendetes Leben, 2013.
Jared Diamond: Kollaps. Warum Gesellschaften überleben oder untergehen, Neuausgabe 2011.
Marko M. Feingold: Wer einmal gestorben ist, dem tut nichts mehr weh. Eine Überlebensgeschichte, 2012.
Alex Ferguson: Leading, 2016.
Georg Franck: Ökonomie der Aufmerksamkeit, 1998.
Harry Frankfurt: On Bullshit, 2005.
Robert K. Greenleaf: Servant Leadership. A journey into the nature of legitimate power and greatness, 1977.
Roberto Goizueta: Caminemos con Jesús. Toward a Hispanic/Latino theology of accompaniment, 1995.
Daniel Goleman: Emotionale Intelligenz, 1997.
Jürgen Habermas: Theorie kommunikativen Handelns. Band II, 1981.
Edward Hall: The Hidden Dimension, 1990.
Edward Hall: The Silent Language, 1973.
Dag Hammarskjöld: Wegmarken. Zeichen am Weg. Das spirituelle Tagebuch des UN-Generalsekretärs. Droemer/Knaur, München 1965; kommentierte Neuausgabe: Urachhaus, Stuttgart 2011.
Vittorio Hösle: Der philosophische Dialog, 2006.

Ismail Kadare: Der Palast der Träume, 2005.
Erling Kagge: Die Stille. Ein Wegweiser, 2017.
Janusz Korczak: Wie man ein Kind lieben soll. 2018.
Janusz Korczak: Das Recht des Kindes auf Achtung. 2007.
John Paul Lederach: The Moral Imagination. The Art and Soul of Building Peace, 2010.
Chris Lowney: Heroic Leadership, 2009.
Chris Lowney: Franziskus. Führen und Entscheiden. Was wir vom Papst lernen können, 2015.
Ignatius von Loyola: Geistlichen Übungen.
Ignatius von Loyola: Deutsche Werkausgabe I. Herausgegeben und übersetzt von Peter Knauer, 1993.
Steven Lukes: The Curious Enlightenment of Professor Caritat, 1995.
Magnus MacFarlane-Barrow: The Shed That Fed A Million Children. The Mary's Meals Story, 2015.
Scott MacMillan: Hope over Fate. Fazle Hasan Abed and the Science of Ending Global Poverty, 2022.
Fredmund Malik: Wenn Grenzen keine sind, 2014.
Charles C. Manz u. Henry P. Sims: SuperLeadership. Leading Others to lead Themselves, 1989.
Avishai Margalit: Politik der Würde. Über Achtung und Verachtung, 2012.
Gerald Moore: Bin ich zu laut? Erinnerungen eines Begleiters, 2000.
John Henry Newman: Die Idee der Universität, 2004.
Benedikt von Nursia: Regula Benedicti.
Papst Franziskus: Laudato si', 2015.
Ben Quash: Abiding. The Archbishop of Canterbury's Lent Book 2013, 2012.
David Rawson: Prelude to Genocide. Arusha, Rwanda, and the Failure of Diplomacy, 2018.
Antoine de Saint-Exupéry: Der kleine Prinz.
Simon Sinek: Start with „Why?". How Great Leaders Inspire Everyone to Take Action, 2009.
Friedemann Schultz von Thun: Miteinander reden. Kommunikationspsychologie für Führungskräfte, 2003.
Folco Terzani: Das Ende ist mein Anfang. Ein Vater, ein Sohn und die große Reise des Lebens, 2017.

Krista Tippett: Becoming Wise. An Inquiry into the Mystery and Art of Living, 2017.

Giuseppe Tomasi di Lampedusa: Der Leopard.

Chris Warner und Don Schmincke: High Altitude Leadership. What the World's Most Forbidding Peaks Teach Us About Success, 2008.

Rowan Williams: The Person and the Individual. Human Dignity, Human Relationships and Human Limits, 2012.

Frank A. Worsley: Endurance. An Epic of Polar Adventure, 2000.

CHRISTIAN LAGGER hat Theologie, Philosophie und Business Administration studiert und ist seit 2010 Geschäftsführer beim Ordensklinikum der Elisabethinen. Er lehrt in Graz Managementtheorie, Leadership und strategisches Denken und ist als Führungskräfteberater bekannt. Seit 2021 ist er Präsident des Internationalen Forschungszentrums für soziale und ethische Fragen in Salzburg.

CLEMENS SEDMAK wirkte als Sozialtheologe am King's College London und ist Professor für Sozialethik an der University of Notre Dame in den USA. Seine Forschung führte ihn u. a. nach Chicago, Nairobi, Manila und Oxford. Clemens Sedmak gründete 2005 das Zentrum für Ethik und Armutsforschung an der Universität Salzburg und engagiert sich außeruniversitär mit Vorträgen und Seminaren.

Liebe Leserin, lieber Leser,

haben Sie sich von Christian Laggers und Clemens Sedmaks Führungserfahrungen inspirieren lassen?
Dann freuen wir uns über Ihre Weiterempfehlung, Austausch und Anregung unter **leserstimme@styriabooks.at**

Inspirationen, Geschenkideen und gute Geschichten finden Sie auf
www.styriabooks.at

© 2023 by Molden Verlag
in der Verlagsgruppe Styria GmbH & Co KG
Wien – Graz
Alle Rechte vorbehalten.
ISBN 978-3-222-15109-5

Bücher aus der Verlagsgruppe Styria gibt es in jeder Buchhandlung und im Online-Shop.
www.styriabooks.at

Covergestaltung und Layout: Peter Manfredini
Projektleitung: Ulli Steinwender
Lektorat: Astrid Göttche
Druck und Bindung: Finidr
Printed in the EU
7 6 5 4 3 2 1